乱世犹闻读书声

读书声

中国教育 1912—1937

张兴龙

著

浙江大学出版社　全国百佳图书出版单位

目　录

第
一
部

1912—1919

枪炮喧嚣后　整饬教育待从头

第
二
部

1920—1927

西学东渐　新教育运动的本土化

第
三
部

1928—1937

二水分流　党化教育下的两张面孔

第一部

1912—1919

枪炮喧嚣后　整饬教育待从头

推翻封建帝制后的中国所颁布的"壬子癸丑学制"，是民国政府构建西式国民教育大厦的基础。正是以此为起点，才有了后来神话传奇般的民国教育大师风范。虽然期间不乏教育逆流与乱象，但是，北大的教育思想与新文化运动撕开的教育改革，仍然成为这一历史板块中最经典的记忆。

民国的历史太短，短到如同漫长历史板块之间的一条夹缝；民国的治乱太频，乱到人类所有的灾难几乎全部降临；民国的英雄太多，多到"大师"云集无法用数字计算；民国的话题太沉重，重到今天忆起仍然无法释然。

仓皇乱世，究竟应该从何说起？

百年已过，我们的教育陶醉于数字上的不断刷新，创造一个又一个的"国际纪录"、"世界之最"，应试教育的枷锁仍然未能解除，素质教育的目标还是一个遥遥无期的梦。越来越多的中产阶级，凭借他们富有的资产，让子女漂洋过海，去享受西方"美式教育"、"英式教育"的快乐，逃避已被妖魔化的应试教育。西方的教育似乎成了黄皮肤、黑眼睛的孩子们天真个性的庇护所，扮演着"救世主"的形象。这时，我们耳边"救救孩子"的呼声显得如此悲壮。

我们的目光重新触及那个短如夹缝的民国历史区间，同样是一个"西学东渐"的时代，教育舞台的大幕徐徐拉开，耀眼的聚光灯下，舞台的中央是鲜活的各色面孔，这里弥散着各异的声音："迂腐顽固"的清朝遗老，带着学生尊孔读经；"投机的政客"，口若悬河地宣扬政治教育；学贯中西的留洋博士，高蹈民主思想启蒙；激进的革命斗士，狂飙突进教育革命……众声喧哗，百家争鸣，共同奏响民国教育历史的曲音。之所以再次把目光聚焦于他们身上，源于他们学贯中西的大师风范，源于他们桀骜不驯的张扬个性，源于他们教育理想的自由赤诚。在当下，回眸民国教育历史中的点点滴滴，对于今天的教育仍具有现实的启示和警醒意义。

[一]
1912年："壬子癸丑学制"的前前后后

1912年1月1日，辛亥革命的枪炮声稍有平息，中华民国临时政府在南京宣告成立。1月3日，蔡元培被孙中山任命为教育总长。1月9日，在南京碑亭巷内务司楼上三间简陋的办公室里，蔡元培和他的同事们郑重宣布：中华民国南京临时政府教育部正式成立。

就这样，身为堂堂民国第一任教育总长、学贯中西的著名教育家蔡元培先生，乘两轮的人力车，在人力车夫的一路奔跑摇铃声中，穿越南京拥挤的街道，亲自去大总统孙中山的办公处领取官印。虽然这次上任不过经历短短数月——因为对袁世凯倒行逆施的强烈不满，蔡元培在同年7月愤然辞去教育总长之职，然后偕同家人奔赴德国留学考察——但是，蔡元培临危受命筹建民国教育部的动人情景，一度被人们列为民国开国史上的趣谈。也正是从这一天开始，他为民国教育演绎了一段经典传奇。

然而，作为民国第一任教育总长，摆在这位清末著名翰林面前的困难是空前的。

民国初建，百废待兴。1月3日，蔡元培凭借其在教育界的崇高威望，临危受命，出任南京临时政府教育总长之职。可是，民国第一任教育总长的桂冠外表光鲜，内在寒碜。蔡元培受命之际，教育部简直就是一个"草台班子"，甚至没有办公的地方，为此，蔡元培询问临时大总统孙中山，得到"国父"答复："此须汝自行寻觅，我不能管也。"言下之意，不要指望国家给你安排了，一切都要自己想办法。此时蔡元培心中滋味莫可名状。

　　一个月前欧洲游学之时，惊悉国内革命，蔡元培欣喜若狂，乃至夜不能寐。刚刚抵沪之时，也有好友提醒国内教育已经是一个无可救药的烂摊子，让他不要接手。深谙国情的蔡元培对于其中困难何曾不知？但是，物质匮乏竟然如此，还是令他措手不及。他无奈地在南京城的旧提学使署、南洋劝业会、狮子桥等处连续数日奔波，寻找办公地点，但未果。一筹莫展之际，他遇见了恩师马相伯。当时，马相伯任江苏都督府内务司长，他允诺借出内务司办公楼的三个房间，蔡元培和他的同事们这才有了"官署"。堂堂民国教育总长，却连寻觅一间办公室都如此窘迫，其将面对的重新整饬全国教育伟业将会遭遇怎样的艰难，由此可想而知。

　　历史总是不断地创造神奇，民国的历史注定了蔡元培把神奇的故事进行到底。匮乏的人力资源考问着蔡元培总揽全国教育大局智慧的同时，也成就了他成为这个神奇故事的主角。

　　教育部创建之初，仅蔡元培、蒋维乔和一名会计，总计三人。蒋维乔，1873年生于江苏武进，自幼饱读诗书，20岁中秀才，曾留学日本，力主"西学"，倡导中小学新式教育，于1902年加入蔡元培组织的中国教育会，后长期在商务印书馆编辑小学教科书，并主持商务所办的新式学堂。蔡元培赴南京就职之前，身在上海，他到蒋维乔家中登门拜访，恳切地邀请蒋维乔共赴教育部，助他一臂之力。蔡元培说："去国多年，于近来国内情形殊多隔膜，望公相助为理，部中一切，事无大小，皆愿为我计划之。"面对如此真挚的恳请，没有人会无动于衷，何况蒋维乔同样心怀国家，又念及与蔡元培的故友之情，于是慨然应允，任教育部参事，负责草拟法令。

　　为了尽快搭建一个以新式人才为主要成员的教育部，蔡元培致电全国的有识之士，真切地邀请他们为国家教育出智出力。年仅23岁，只是小学毕业的王云五与蔡元培从未谋面，素不相识。当时他被聘任为大总统府秘书，写信给蔡元培阐述自己对教育的一些主张。蔡元培认为他的建议极为中肯，立即回函邀请他来教育部工作。最终，经过孙中山的同意，王云五上午在总统府办公，下午到教育部做事。

蔡元培选用部员，不论党派，不计年龄，唯才是用。为了尽快招揽到人才，他采用了多种途径：其一是邀请早年曾经一起共事的故友，如蒋维乔、钟观光、王小徐等；其二是邀请留学德国时的同窗，如俞大纯、钱方度等；其三是邀请对教育学有研究的学者，如鲁迅、许寿裳等。经过紧张而忙碌的招贤纳士工作，蔡元培在很短的时间内就组建了包括誊抄人员在内的 30 余人。

民国第一任教育总长蔡元培（中坐者）

图为 1921 年 8 月，蔡元培率中国教育代表团到檀香山出席太平洋各国教育会议时与代表团成员的合影。

自古文人多相轻。民国本是一个大师云集、硕儒迭出的时代。桀骜不驯、恃才傲物的名流如恒河沙数，他们往往喜欢追慕魏晋风流，采取与世不合作的态度，彰显人格气节。在世俗者看来，能够被教育部征召，无疑是一种巨大的荣耀，但是，对于他们来说，却意味着"被招安"的气节尽失和人格的同流合污。为了维护个人的清誉，更是为了捍卫传统大儒的尊严，教育部急需的许多重要人选，对蔡元培的热情邀请回报以冷漠和不屑。但蔡元培凭借自己的人品、风范和学问，赢得了追慕魏晋风流的名士们的尊重。他的邀请让一道又一道紧闭的大门打开。

我们不妨通过蔡元培致王少泉未见回复函而再次致函的信件，走进这位伟大教育家广阔无边的心灵世界：

少泉先生惠鉴：

　　两寄函、电，未蒙赐复，引领津桥，曷胜企盼。此间接手伊始，百端待举。对于京师、北洋大学，更须待商执商。即本部专门学务一项，尤盼仁者惠临，主持一切，教育前途之光荣也，岂仅鄙人承教受益已耶。此书达左右后，敬请执事即日命驾莅京，来部赐教，不胜切急企盼之至。[1]

这是何等广阔的胸怀，又是怎样为国家教育忍辱负重的历史担当？

　　蔡元培邀请所有人选都坚持"唯才是举"的原则，绝不考虑私人恩怨、党派不同、政见分歧。即使与自己政见不同的"异党分子"，他同样以国家大计为重，诚恳邀请。例如，他再三恳请非国民党籍的范源濂担任教育部次长。这位与蔡先生教育观点上存在分歧的学者后来回忆当初蔡元培的邀请，深为其真诚正直所感动。当时蔡先生两次亲自访问他，并且诚恳地说，现在是国家教育创制的开始，要撇开个人的偏见、党派的立场，给教育立一个统一的智慧的百年大计。蔡元培先生再三强调，之所以敢于提出这个请求，是相信范源濂会看重国家的利益超过党派的利益和个人的得失。经过蔡元培几次真诚和热情的劝说，范源濂终于接受了他的任职请求。这个决定曾经使范源濂受到不少更亲近的前辈朋友们的责备误会，可是范源濂并不后悔。在他和蔡元培合作期间，部里的人都是知无不言，

[1] 蔡元培：《函电》，见高平叔编：《蔡元培全集》第十卷，中华书局1989年版，第149—151页。

言无不尽，有很多讨论，却没有久悬不决的事，事情一经决定，立即执行，所以虽然时间很短，办的事却很多。[1]

历史赋予了蔡元培满目凋敝、乱象纷扰的教育现状，蔡元培通过一己之力回报历史的则是泽被千秋的教育长城。

面对凋敝和混乱的民初教育现状，第一任教育总长蔡元培将如何着手工作，开始他不平凡的 1912 年？

被民国枪炮惊醒搅乱的中国教育，在 1912 年已经成了纷乱如麻、惶恐不安的烂摊子。经纬万端，教育整饬首先需要从学制入手，所谓学制，就是一个国家的教育制度规范，这是任何一个国家推行教育的根本纲要。

民国之前的中国教育学制事实上有两个，即晚清政府1902 年和 1904 年制定的壬寅、癸卯学制，这两个学制虽然是在清王朝统治期间制定，但是，与许多人想象中的清朝学制充满了腐朽死亡气息不同，中国从它们开始已经启动了从传统教育向近代教育的转型，历史学界甚至评价，晚清新政中最富积极意义而有极大社会影响的内容当推教育改革。那么，被历史定性为腐朽无能到极点的晚清政府，究竟怎样开始了"最富有积极意义的"新式教育？这样的学制和民国成立之后的第一次学制改革，又有着怎样的关联？

壬寅学制的诞生，源自特殊的社会历史背景。当时的清廷犹如黑夜中驶入风高浪急大洋之上的一叶孤舟，随时都有倾覆的危险。先是 1895 年中日甲午海战以清廷惨败，被迫签订《马关条约》告终，继而 1900 年八国联军入侵北京，1901 年又签订《辛丑条约》得以保存国家，面对人人得以欺之、屡战屡败

[1]
高平书：《蔡元培年谱长编·上》，人民教育出版社 1996 年版，第412 页。

的现实，以及天文数字的战败赔款，国内民众反抗之声此起彼伏，生存环境之险恶可想而知，这一切都迫使清廷要员们寻找可以躲避被洋人坚船利炮炸得底朝天的厄运之生路。

人类理性思考的一个习惯在于，当被别人欺负的时候，最容易想到欺负你的人为什么如此强大。在黄海海面刚刚被日本人狠狠"教训"一番的晚清政府，最先反思的是日本民族为什么从"被侮辱与被损害"的角色，转眼成了侮辱和损害我们的人。他们考察日本之后得出的结论是，日本国内教育效法西方大获成功，并且提升了国家实力。日本教育成功之路给晚清王朝吃了一颗定心丸，教育成了当时挽救国家覆亡的最合适的一剂良药。对此，深谙日本社会发展的梁启超曾说：

> 变法之本，在育人才；人才之兴，在开学校；学校之立，在变科举；而一切欲其大成，在变官制。[1]

[1] 梁启超：《论变法不知本原之害》，见梁启超著，夏晓虹编：《梁启超文选》（上册），中国广播电视出版社1992年版，第15页。

梁启超是整个晚清时期社会影响力最大的学者，他都认为教育可以救国，那么，立刻整顿国内教育，实现教育救国当然是顺理成章之事了。1901年，清廷下发了一道黄灿灿的诏书，诏曰：

> 除京师已设大学堂，应切实整顿外，着各省所有书院，于省城外均改设大学堂，各府及直隶州均改设中学堂，各州县均改设小学堂，并多设蒙学堂。[2]

[2] 朱寿朋：《东华续录》光绪一百六十九，清宣统元年（1909）上海集成图书公司铅印本，第1页。

1902年1月10日，有"中国大学之父"美誉的张百熙被清政府任命为管学大臣，负责王朝学制的工作。同年，8 月 15 日，由张百熙主持拟定的《钦定学堂章程》正式颁布，因为这一年是壬寅年，史称该学制为"壬寅学制"。这个学制试图通过效法欧美、日本等列强的教育经验，特别是近邻日本学制的形式，帮助中国运行了两千多年的教育旧制。依照此学制，国内教育分成初等教育（分为蒙学堂、寻常小学堂、高等小学堂三级，共十年）、中等教育（分为中学堂一级，共四年）、高等教育（分为大学预科、大学堂、大学院三级，共七年）三个阶段。

客观地说，壬寅学制的缔造者张百熙，个人并不主张学生以科举仕途为人生目标，在当时科举制度价值观念占据教育主流形态的情况下，非常难得地强调知识学术价值。1904 年，张百熙语重心长地告诫新科进士金梁："京师乃人才荟萃之所，来者皆志在得官，君当以求学问为先。官岂可求，惟学问必求而始可得尔。"但是，他个人既无力、也不可能阻止科举教育对学生的毒害，因此，这份深深烙下日本教育学制痕迹的国家规划，不可避免地遗留或者干脆说刻意添加了晚清教育的标志性文化元素：忠君爱国的德育思想和等级森严的礼仪。壬寅学制要求学生忠君爱国，尤其是帝王礼仪，更是一个都不能少；每年恭迎奉候皇太后万寿圣节、皇后千秋岁、至圣先师诞日、春秋丁祭日，等等，全部由教习率领学生行跪拜大礼；即使开学、放假日，初一、十五等日，也全部由教习率领学生行跪拜大礼；学生每天早上参见教习，也一律作揖致敬。

壬寅学制最大的错误在于没有从根本上斩断封建教育观念，残留着浓厚的封建忠君教育思想，而这个问题不仅成为民国第一任教育总长蔡元培学制改革的基本内容，甚至在民国相当长的时期内都成为一种教育的"余毒"，冲击着民国教育，而与之进行的斗争则成为民国前期教育家的一大历史使命。

七年之后，鲁迅任职于杭州两级师范学堂，新任校长夏震武就极力奉行壬寅学制的教育模式，要求学校教务长许寿裳陪他"谒圣"，要求所有教师必须在孔子像前跪下，并且以封建社会下属拜见上司礼节与他相见。这遭到鲁迅等人的强烈反对，鲁迅等进步教师愤然辞职。此举在学生中引发巨大反响，进步学生强烈抵制夏震武的教育管理主张。由于夏氏顽固木讷，学校进步师生称其为"夏木瓜"，此次风潮遂被称之为"木瓜之役"。

十年之后，蔡元培先生以民国第一任教育总长之名建立壬子癸丑学制，一个重要的成就就是彻底破除了这种封建忠君思想和奴性跪拜礼仪模式。

十五年之后，同样是蔡元培先生，担任北京大学校长进行教育改革，一个同样重要的成就就是，将学校残存的封建衙门等级秩序和忠君教育流毒清扫了个干净，恢复了大学应有的自由民主精神。

这些留给后人解决的难题，在当时也受到了统治阶级内部政治力量的冲击。在复杂的政治斗争漩涡中，张百熙亲手制定的壬寅学制根本无法实行，一年之后，就被新的学制所取代。

1903 年，清政府下令张之洞与张百熙、荣庆等人共同重新拟定学堂章程。1904 年 1 月，张之洞主持制定的《奏定学堂章程》正式登场。1904 年是癸卯年，故此次学制史称"癸卯学制"。

较之两年前颁布的壬寅学制，癸卯学制延续了初等教育、中等教育、高等教育三段七级的壬寅学制内容，但是，每个阶段和级别又增加了诸如培养目标、立学宗旨、课程设置、教学方法、考核奖励等详细规定，且每个阶段的分级也更加明确合理，最重要的是，这个学制第一次明确规定了全国各学堂统一遵守的立学宗旨：

无论何等学堂，均以忠孝为本，以中国经史之学为基，俾学生心术壹归于纯正，而后以西学灌其智识，练其艺能，务期他日成材，各适实用，以仰副国家造就通才、慎防流弊之意。[1]

① ②
转引自杨文海：《壬戌学制研究》，南京大学博士论文，2011 年，第13 页。

这个由张之洞亲自打造的癸卯学制，除了仍然模仿国外教育模式之外，特别强调读经的重要性，明确宣扬从小学到中学，只要能读完四书一部、大经一部、中小经一两部，就能够"义理必已明白"，大有"读经数部，其义自现"的味道。事实上，在具体贯彻这个学制的过程中，国内学堂每周都加大读经课时，全国学校掀起一股读经热潮。此举沦为当时许多外国教员的笑柄，他们讥讽中国正愚蠢地"可藉以经义战胜各国"。有人研究统计，癸卯学制中小学每周读经时数和百分比如下[2]：

学堂类别	读经时数	总学时	读经占总时数百分比
初等小学	12	30	40
高等小学	12	36	33.3
中学堂	9	36	25
初级师范	9	36	25
优级师范	5	36	14

在洋务运动中大出风头的张之洞如此迷恋经书，并不全是他个人的封建思想在作祟，而在很大程度上源自他对经书在中国人精神信仰中作用的误解。事实上，他把中国的经书当作西方的宗教，认为西方学堂皆有宗教，经书就是中国之宗教，学校万万不可废除读经传统，中国虽然贫弱而人心尚不至于离散，原因何在呢？就是因为人人诵读经书，"纲常名教礼义廉

耻之重浸灌人心，深固而不可摇动故也"。

即使如此，张百熙和张之洞亲手创建的两个学制，对民国初年学制改革的影响，也绝不能以"障碍"二字概括之。封建科举教育流毒确实存在，但是，上述二人毕竟属于晚清社会思想开明人士，效法日本和欧美的教育模式，本身就对封建中国教育体制产生积极的促进作用。更重要的是，两个学制的颁布，结束了中国几千年来封建教育办学无章程、无宗旨、无体系的"三无"状态，是中国效法世界先进教育，现代新教育开始萌芽的标志。全国各地的新式学堂不断涌现。1904 年，全国新式学堂数量为 4476 所，到 1905 年达到 8277 所，以后每年增加 10000 多所，到 1909 年，已经增加到了 59117 所。[1]而同样效法西方先进教育学制，特别是日本学制的民国"壬子癸丑学制"，除了增损日本的学制框架，替换以本国的具体课程外，几乎毫无经验可言。他们一方面需要批判壬寅、癸卯学制中的流毒，另一方面又不可能彻底摧毁旧学制，许多内容还是被新学制吸收了。这就是历史留给 1912 年学制改革的悖论。

非常具有讽刺意味的是，1902 年和 1904 年两个学制亲手培养了自己的"掘墓人"。早在两个学制颁布之前，国内就掀起一股留学日本的热潮，癸卯学制并没有废除科举制度，规定对从高等小学堂直至通儒院的毕业生，按照等级奖励进士、举人等出身，并授予官职。而这一奖励出身制度同样适用于留学生，由此更加刺激了留学的热潮，留日学生数最多的一年竟然有一万多人。其中 1905—1906 年是留日学生的高潮，从 1905 年至 1911 年，中国仅留日学生总数即已达到 38307 人，[2]这其中有清政府选拔出来公费资助的学生，也有去考察镀金的封疆

[1] 王笛：《清末新政与近代学堂的兴起》，《近代史研究》1987 年第 3 期。

[2] [美] 任达著，李仲贤译：《新政革命与日本》，江苏人民出版社 1998 年版，第 56—57 页。

大吏，他们纷纷登上东渡日本的轮船，奔赴东瀛学习。由于留学日本和欧美的学生过多，清政府不得不下令整顿混乱的出国留学问题，乃至到了1906年，清政府规定只有中学堂以上的毕业生才有资格出国留学。

民国第一任教育总长蔡元培的副手景耀月，就曾在1904年奔赴日本留学，并于1912年被任命为教育次长。民国第二任教育总长范源濂、第五任教育总长董鸿祎都曾留学日本，而第三任教育总长刘冠雄、第四任教育总长陈振先则都有留学欧美经历。壬子癸卯学制的完成恰恰是在上述五位教育总长任职期间。在辛亥革命前后，已经有一批日本留学生归国，而他们中的相当一部分人直接参加了1912年学制的制定，而出席临时教育会议的代表中，赴日本考察或留学的人员就有16人，[1]由此不难解释民国新学制为什么效仿日本和欧美了。

[1]

杨文海：《壬戌学制研究》，南京大学博士论文，2011年，第22页。

清政府让学生留洋的初衷，是为了让他们学习日本和欧美等国的先进技术，期待他们回来参与大清政府的建设，抵御外侮，镇压内变，以图天朝大国万世永存。不承想，这批在国外长了见识的学生们，经历欧风日雨新知识的涤荡，对清政府的腐败更加绝望，他们纷纷组建革命团体，成为要求国内变革的主力军，东京则成为留学生在国外号召革命的中心。1906年，梁启超在给康有为的信中说："革命党现在东京占极大之势力，万余学生从之过半。"而这些清政府亲手培养的留学生，回国之后的第一件事情就是要革掉政府大员们的辫子，废除封建教育制度。

1912年4月22日，范源濂和鲁迅分别收到民国教育部发来的电报，电文是由民国教育总长蔡元培发来的："昨日国务院成立，教育部亟须组织，请即日北来，为盼。"

第二日，上海《民立报》特意刊发了这条电文，并且特意加上大字标题：教育部求贤若渴。蔡元培渴求贤才，完全撇开个人偏见和党派的立场，这里面有留学归国的人员，有地方知名人士，也有晚清教育界的名流。虽然这些人资历不同、政见各异，但是，在蔡元培"能者在职"的用人思想指导下，迅速凝结成了一个富有学识、热情能干的教育行政班子，正是这些人完成了民国成立之后的教育学制的制定工作。

蒋维乔

著名教育家、哲学家、佛学家、养生家。字竹庄、号因是子，与吕思勉并称"常州二先生"。

蔡元培曾在聘请蒋维乔与自己组阁教育部的时候，问他这样的问题：现在天下纷乱，还没有统一，应该如何着手开展教育工作？蒋维乔回答道：推翻了帝王之制，成立中华民国，是一个崭新的开始，清朝的学制一直被天下人所诟病，所以前清学制不再适用于民国了，我们不如先草拟民国新学制，向全国颁发。蒋氏所言得到蔡元培极力认同。就这样，一场针对民国教育学制积弊的教育法规悄然酝酿成熟，它裹挟着破除封建陈旧僵化体制的惊涛骇浪，在全国卷起一场前所未有的声势。蔡元培出任教育总长之后整饬教育的首要工作，正式拉开序幕。关于《壬子癸卯学制》，蒋维乔后来回忆说，当时教育部的重要工作，就在草拟新学制上。召集东洋西欧的留学生，各就所长，分别撰拟小学、中学、大学规程，每日办公六小时，绝似书局之编辑所。计临时政府三个月，而教育部之学制草案，也在这段时间内大功告成。时间之紧张，办事效率之高效，实属罕见。

1912 年 1 月 19 日，蔡元培就任民国第一任教育总长仅仅半个月，由他主持的教育部第一次正式向全国通令颁布了《普通教育暂行办法》和《普通教育暂行课程标准》。新颁布的《普通教育暂行办法》总计 14 条，被教育界称为"民国教育史的开场白"。

民国教育史上的第一部普通教育通令出炉的速度，令人咋舌，难免引来后人对其制定仓促草率的质疑。事实上，这种质疑和批评声音忽视了民国第一任教育总长蔡元培先生杰出的统筹能力。这一法规是蒋维乔早在去南京之前，就由他主持，与商务印书馆编译所的同事们一起草拟的法规，不仅在时间上抢先一步，而且参与制定法规的人员专业素质、水平能力都是当时国内同行业中首屈一指的。

1912 年 5 月，北京教育部在上述暂行办法的基础上，又改定普通教育办法 9 条，并且通告全国。7 月，蔡元培主持召开了自称为"全国教育改革的起点"的第一次民国临时教育会议，蔡元培在发言词中，一针见血地指出封建君主时代"利己主义"的教育本质：

　　君主时代之教育，不外利己主义。君主或少数人结合之政府，以其利己主义为目的物，乃揣摩国民之利己心，以一种方法投合之，引以迁就于君主或政府之主义，如前清时代，承科举余习，奖励出身，为驱诱学生之计，而其目的，在使受教育者皆富于服从心，保守心，易受政府驾

１
蔡元培:《全国临时教
育会议开会词》,《教育
杂志》第 4 卷第 6 号
(1912 年 9 月)。

驳。现在此种主义已不合用,须立于国民之地位,而体验其在世界、在社会有何等责任,应受何种教育。１

这次大会对民国的教育方针展开了讨论,同意了蔡元培关于教育要体现人的智德体美和谐发展的思想。会议决定重新修订学制,为共和民国制定学校系统。

9 月,教育部正式颁布《学校系统令》,这就是著名的"壬子学制"。从这一年的 9 月到 1913 年的 8 月,在不足一年的时间里,民国教育部陆续公布了一系列教育法令、法规,包括《小学校令》、《中学校令》、《大学令》、《专门学校令》、《实业学校令》、《小学校教则及课堂表》、《中学校施行规则》、《师范学校规程》、《高等师范学校规程》、《公私立专门学校规程》、《大学规程》、《私立大学规程》、《实业学校规程》,等等。这次从壬子年延续到癸丑年的教育学制改革,就是民国历史上教育学制的开篇——壬子癸丑学制。

与晚清的壬寅、癸卯学制相比,我们会对 1912 年的壬子癸丑学制唏嘘感慨,感慨被奉行几千年的"忠君、尊孔、尚公、尚武、尚实"为宗旨的封建教育,第一次从神坛跌落尘埃,取而代之的是资产阶级民主共和国的教育宗旨,即注重道德教育,以实利教育、军国民教育辅之,更以美感教育完成其道德。9 月 2 日,这一教育宗旨正式向全国公布实施。

在新的教育宗旨引领之下,民国教育学制向壬寅、癸卯学制中残留的封建教育毒素发动了猛烈进攻,晚清时代的科举教育痕迹以及各种不科学的教育方式,遭到前所未有的冲击和清洗。例如,清末各项学堂均改称学校,监督、堂长一律改称校长；各种教科书务合乎共和民国宗旨，禁用清学部颁布之教科书；小学读经科一律废止；清末各学堂奖励出身制度一律废止。学科设置也趋向于实用化、科学化。例如，新学制注重小学手工科；高等小学以上，体操科应注重兵式；初等小学算术科自第三学年始应兼课珠算；中学不分文、实科。

按照新学制，民国教育大大减轻了学生在校时间过于拖沓冗长的弊病，中学及初级师范学校修业年限由五年改为四年，初等教育、中等教育和高等教育整个学制的完成只需要 17—18 年。也就是说，新学制下，一个孩童从 6 岁入小学，至 23 岁或者 24 岁就可以大学毕业。而在壬寅学制下，一个孩子 5 岁入蒙学堂，至 25 岁或 26 岁方可毕业。在癸卯学制下，一个孩子从 7 岁入学至通儒院毕业，则需要耗时 29—30 年，仅中小学就长达 13 年（蒙学院 4 年，初等小学 5 年，高等小学 4 年）。如此拖沓冗长的学制，既不利于学生的教育成长，也阻碍教育的普及。一个习惯了没有危机感的安逸生活的民族，突然间被西方教育快速的节奏惊醒，不情愿地被裹挟着进入了现代社会。

恩格斯有句名言，在任何社会中，妇女解放的程度是普遍解放的天然尺度。壬子癸丑学制在解放被禁锢了几千年的中国妇女教育方面，迈出了重要一步。新学制规定初等小学可以男女同校，由此开启了中国教育在初等教育阶段男女平等的先河。这项内容是民国第一次学制改革重大成就的一个标志。几千年来，中国女子教育一直受到封建制度的严厉压制和禁锢，没有获得与男子平等的地位，张百熙的壬寅学制没有解决这个问题，洋务运动领袖之一的张之洞也不可能在他的癸卯学制中解放妇女，相反，他始终念念不忘女子应该在家相夫教子的分内职责：

少年女子，不宜多读西书，误学外国习俗，……或受母教，或受保姆之教，令其能识应用之文字，通解家庭应用之书算物理及妇职应尽之道、女工

１
陈景磐：《中国近代教育史》，人民教育出版社1983年版，第247页。

应为之事，足以持家教子而已。故女子之无弊者，惟有家庭教育。１

　　我们当然不能责怪张之洞的封建落后思想。让一个在封建土壤中生长的帝国大员彻底放弃老祖宗的信条，这无异于抓着自己的头发离开地球一样困难。但是，新生的民国政府却是有机会揪住晚清政府要员们的辫子离开历史舞台，还给妇女们一个与男人平等的教育机会的。

民国时期的女大学生

　　在这一点上，从民国第一任大总统孙中山到教育部长蔡元培都存在共识。民国初建，孙中山专程到广东女子师范演讲，他大声疾呼，中国女子虽有二万万，惟于教育一道，向来多不注意，故有学问者甚少，推广女子教育"为最要之事"。在他看来，只有实施了女子教育，使妇女界知识普及，才可以获得与男子平等的权利，所谓"女界平权，然后可成此共和民国"。在新学制的影响下，专门的女子中学、女子师范学校、女子高等师范学校等纷纷涌现，即使普通中学、师范学校也都设立了女校，女子教育在当时民国教育中蔚然成风。

田正平先生曾专门对比了民国的壬子癸丑学制和日本学制的异同，发现壬子癸丑学制中的日本教育元素非常明显。例如，1912 年 1 月 19 日颁布的《普通教育暂行课程标准》，不仅其中的各级学校设置课程的名称完全沿用日本的教育用语，例如修身、国文、算术、体操、图画、手工、裁缝、唱歌、历史、地理、数学、博物、理化、外国语、法制、经济、家政、音乐、习字、农业、工业、商业等，而且，在每周教学时间的分配上，也与明治三十三年（1900）八月二十一日颁布的日本文部省令第 14 号《新小学令施行规则》中的有关规定极相近。

对于这一现象，蔡元培先生的解释是，日本学制本身就是效仿欧美列强，经过本土化的改造之后实施的产物，由于日本和中国之间文化传统上的相似性，效仿日本教育当然比生搬硬套欧美的要更适宜中国。但是，这在当时遭到许多人的诟病，认为所谓的新学制不过是对日本学制的套用而已，并没有鲜明体现民国政府自身的教育特点。其实，这样评价过于残忍。这正如一个刚学走路的孩子，急切地向身边每一个成人学习走路的姿势，对此我们会责备这个孩子为什么不自己创造走路的姿势吗？如果我们明白了这个学制是在怎样混乱的时局下白手起家的，也许就不会这么苛求壬子癸丑学制的模仿问题了。

1912—1913 年的壬子癸丑学制前后历时 18 个月，其制定时间之仓促自不待言。而比这个问题还严重的，则是时局的极度混乱。就在这 18 个月中，孙中山和袁世凯两大政治集团之间的权力博弈、军事斗争几乎没有消停过，教育总长一职也成为不同政治集团博弈胜负的风向标，18 个月的时间内就先后五易其人：蔡元培、范源濂、刘冠雄、陈振先、董鸿祎，而这五位教育总长任职时间短促真可谓"席不暇暖"，即使第一任、第二任教育总长蔡元培和范源濂相对任职时间较长，也不过 6 个月而已。如此动荡不宁的政局，如此频繁的部门负责人调动，使大家很难坐下来思考一些更深层次的问题，甚至不可能有精力把清理地基的工作做得更深入、更田正平：《嬗变中的留学潮流与民国初年的教育改革》，《华东师范大学学报》1995 年第 2 期。

扎实。这就注定了壬子癸丑学制与生俱来就带着"阿喀琉斯之踵"的缺憾。

其实，上述不过是影响民国新学制的外部因素，对这个学制影响最大的则是制定者自身经验的不足，尤其是国内教育界大学创办经验极度匮乏，因此只能通过模仿日本和欧美大学教育体制的方式来推进国民高等教育。但是，我们并不应以此归咎于民国教育部，正如在学制修订中扮演重要角色的蒋维乔所说的，这不能全归咎于教育部，"是盖时代为之，一般人之经验学识，只有此程度也"。一句话，当时教育家的经验水平只能达到这个程度。既然自己缺少先进的教育经验，那只能通过模仿日本和欧美先进教育的方式来促进民国教育发展，这既是不得已而为之的事情，也是当时条件下唯一的出路。

民国第二任教育总长范源濂

近代教育家。辛亥革命后曾任教育部次长，中华书局总编辑部部长，北洋政府教育总长。曾多次赴美考察教育，并邀请外籍学者到中国讲学。

1912 年 7 月 14 日，蔡元培辞职。庆幸的是，此前蔡元培独具慧眼相中的教育次长范源濂接任民国教育总长之职，虽然范源濂与蔡元培属于不同党派，且教育理念与蔡氏多有分歧，但是，范源濂真正做到了继任者不诋毁前任者的君子之风。他明确要求教育部工作延续蔡元培教育学制改革之路，将蔡元培未竟之业得以完成，避免了因蔡元培的辞职而使其前期工作付之东流的局面。1913年民国政府颁布的《壬子癸丑学制》（该学制乃对1912年公布的"壬子学制"进行补充和修改而成）的基本框架一直延续到1922年。

在某种意义上，民国壬子癸卯学制的制定具有秦始皇统一全国度量衡一样的意义，此前如同军阀割据一样的混乱教育现状得到了统一。经过整饬后的民国教育，在很短的时间内获得了立竿见影的效果。长期受到国内军阀混战影响而被迫停课的许多学校重新恢复正常教学，一些新的学校也纷纷在各地兴起。据统计，1905年以前，新式学堂学生人数最多不过258873人，1907年为258873人，1907年达到1024988人，1908年到1909年，每年净增50万人，1912年，全国学校数达87272所，学生数达2933387人，与1909年相比，学堂增加近28000所，在校人数增加近130万人。[1]

此次教育整饬的最大作用不仅仅在于学堂、人数的增加，还有教育内容质量上的进步。蔡元培整饬教育的基本导向是废除封建教育，倡导现代民主精神，例如废止小学读经科、废除奖励出身制度等不科学、不合理的制度，发展国民基本权利义务等道德理念，由此深入人民内心，并且成为民国教育的基本原则而在后来发挥积极的影响。早在教育部颁发《普通教育暂行办法》的通电中就曾指出：民国既立，清政府之学制，最必须改革者。

[1]
桑兵：《晚清学堂学生与社会变迁》，学林出版社1995年版，第147页。

1912 年 7 月 10 日，也就是蔡元培辞职民国教育总长的前
三天，他在中华民国成立后第一次中央教育会议上的发言，再
次验证了他这次整饬教育举措的基本导向：

> 民国教育与君主时代之教育，其不同之点何在？君主
> 时代之教育方针，不从受教育者本体上着想，用一个人主义
> 或用一部分人主义，利用一种方法，驱使受教育者迁就他人
> 主义。民国教育方针，应从教育者本体上着想，有如何能力，
> 方能尽如何责任；受如何教育，始能具如何能力。[1]

[1]
高平叔编：《蔡元培全
集》(第二卷)，中华书局
1989 年版，第 262 页。

国家大计，教育为先；教育大计，学制为先。短短 18 个
月的时间，民国教育学制改革风生水起，虽然经纬万端，却抽
丝剥茧，按部就班。恰如一颗熠熠闪光的明星，在冰冷仓皇的
寒夜，给中国亿万人以理想和希望。

蔡元培：翰林前传

蔡元培

　　蔡元培，1868 年出生于浙江绍兴的一个商人家庭，小名阿陪，后进入私塾，加昆弟行通用之"元"字，故名蔡元培。后取《诗经·大雅》中"周有黎民，靡有子遗"一句中"子民"二字，改号蔡子民。

　　少时的蔡元培受到母亲影响甚深，养成了勤勉正直的性格。据蔡元培后来回忆，母亲为他们理发的时候，或者与他们一起吃饭之时，常常指出他身上的缺点，督促他们发奋用功。如果他们犯了错误，母亲也从来不会因此发怒斥责打骂，而是让他们反省改过。而此时的蔡元培大有古代割肉疗亲的孝子风范。据说 1886 年，蔡母不幸患上胃疾，汤药无效，病情加剧。蔡元培听说割取臂肉和药可以延寿 12 年，遂瞒着家人从左臂上割肉一片，为其母亲和药。

　　出任教育总长之时的蔡元培刚刚 45 岁，正行走在他 73 年人生的辉煌时期。在世人看来，这个成就可谓是个人仕途上的登峰造极。但我们回眸凝望一下蔡元培晚清时期的科举之路，对于这样的结果就不会惊讶：

1883 年，16 岁，蔡元培考中秀才；

1889 年，22 岁，蔡元培参加乡试，中举，浙江全省中试者 155 人，蔡列第 23 名；

1890 年，23 岁，蔡元培进京参加会试，金榜题名第 81 名贡士；

1892 年，25 岁，蔡元培赴京殿试，金榜题名"二甲第三十四名"进士；

1894 年，27 岁，蔡元培应散馆考试，成绩出众，被授予官职翰林院编修。

在学而优则仕的封建时代，青春之年就已经取得了如此辉煌的仕途，我们想不出还有什么人不对蔡元培的仕途人生感到艳羡。光绪皇帝的老师翁同龢曾以殿试阅卷大臣户部尚书的身份主持蔡元培参加的朝考，其对蔡元培的评价是："新庶常蔡元培，号鹤青，绍兴人，乃庚寅贡士，年少通经，文极古藻，隽材料也。在绍兴徐氏校刻各种书。"[1]但是，"自六岁到十七岁，均受教育于私塾"的蔡元培却始终"都无作官意，惟有读书声"。此时的蔡元培尚以尊崇宋儒为学术方向，属于封建科举制度下具有开明思想的士大夫。

就在蔡元培被授予翰林院编修的这一年，中日两国的海军在黄海海面进行了一次大规模的海战，战争的结果以北洋水师惨败而告终。1895 年，清廷签订《中日马关条约》，让蔡元培顿感悲愤，也正是从这个时候开始，他开始把目光从国内学术

[1] 翁同龢：《翁文恭公日记》，见金林祥：《蔡元培教育思想研究》，辽宁教育出版社 1994 年版，第 19 页。

转向西方社会文明变革的转型，与当时国内众多维新人士一样，他计划通过学习先进国家的社会发展经验，实现救国的理想。

当时国内维新派和开明人士向国外学习已经非常普遍，留学欧美和东渡日本蔚然成风，蔡元培最初选择了学习日文而非西文，因为他认为西文书价过于昂贵，而日本皆有译本，通东文即可博览西文书籍。况且英语、法语、德语等西文没有三五年不能精通，而日文则较为简易，往往半年即可有所收获。从 1897 年起，蔡元培开始着手学习日文。

1898 年，戊戌变法失败，维新派领袖康有为和梁启超逃亡国外，"六君子"之一的谭嗣同拒绝出走，慷慨表示："各国变法，无不从流血而成；今中国未闻有因变法而流血者，此国之所以不昌也。有之，请自嗣同始。"政治斗争上稚嫩的谭嗣同渴望用自己的鲜血唤醒沉睡的国民，这固然没有实现，而这次政治事件却与蔡元培的人生前所未有地紧密联系在一起。

康有为和梁启超为了维新变法运动积极奔走的时候，身为翰林编修的蔡元培并没有参加，他这样做并不是站在清廷的立场上维护封建制度，而是康梁变法方式与他的社会变革理想不合。这种既不彻底，也不可行的变法不可能挽救中国。所以在维新运动上，蔡元培保持着理解和默许的态度。但是，他对谭嗣同视死如归的英勇气概非常钦佩，变法者遭遇的屠杀使得他对清廷怀有的最后一丝希望亦彻底破灭，促使了他对中国社会变革道路发生更为深刻的思考，而最终的结论则是清廷已经无可救药，只有兴办教育，培养新人，才能彻底改变政府腐败无能的现状。据后来成为民国教育界著名人物的罗家伦回忆，蔡元培当时已经非常清醒地认识到教育救国的重要性：

　　我认为中国这样大，积弊这样深，不在根本上从培养人才着手，他们要

[1]
罗家伦:《逝者如斯
集》,见金林祥:《蔡元
培教育思想研究》,辽
宁教育出版社1994年
版,第23页。

想靠几道上谕,来从事改革,把这全部腐败的局面转变过来,是不可能的。[1]

为此,他在戊戌变法失败之后,辞去翰林院编修一职,携带家眷离开京城,南归故乡,开始了人生伟大的转变。此举正如人们评价的:

> 纵观晚清数十年间,以名翰林而毅然抛弃前程,背叛本阶级,投身推翻清朝的革命,以后又能毕生坚持爱国事业的,仅蔡元培一人而已。[2]

[2]
张寄谦:《辛亥革命时
期的蔡元培》,见《辛
亥革命史丛刊》编辑
组:《辛亥革命史丛
刊》第5辑,中华书局
1983年版,第23页。

非常有意思的是,戊戌变法失败后所有新政均被废除,只有京师大学堂得以保留,而京师大学堂恰恰是在蔡元培手中才发生了脱胎换骨的变化。谭嗣同以死警示世人变法,他没有看到为之充满希望的清廷实现复兴,但是,他用生命换来的京师大学堂则被蔡元培缔造成民国乃至今天最优秀的大学。1917年,正是这位曾亲眼目睹谭嗣同流血悲剧的清末翰林,以校长的身份主政北大,随后在北京大学开展了一系列的教育改革,一举奠定了北京大学在中国高等学校至高无上的地位,这也许是上天对他的最后一点恩赐。

1898年戊戌变法之后的辞职事件是蔡元培一生的转折点,他从封建科举制度下具有爱国热情和开明思想的士大夫,转变成为有强烈暴力色彩的革命家。从此,他对待革命已经不再停留于静观态度的理解和默许,而是直接以暗杀暴力革命的姿态身体力行地去实践。

　　1904 年冬天，东京军国民教育会会员龚宝铨从日本匆匆归国，他和蔡元培协商准备组织一个反抗清廷腐败专制的革命团体。按照蔡元培的意见，该团体定名为"光复会"，据加入该会的会员俞子夷回忆，此时已经将近寒假，蔡元培老师与他谈起组织问题，提示几点纲要，嘱起草一种章程，最终定名为"光复"。成立之初，蔡元培任会长，其成员有秋瑾、柳亚子、刘师培等人，身陷囹圄的著名学者章太炎也致信蔡元培，参与了光复会的创立，成为光复会创立者之一。

　　光复会以光复汉族、反对清朝专制、建立民主共和国为宗旨，以"光复汉族，还我河山，以身许国，功成身退"为誓词，以"暗杀团"刺杀清廷要员为主要手段，表现出强烈的激进主义革命态度。

　　最初加入光复会"暗杀团"的成员均要举行一个类似于封建帮会色彩的仪式：先写一纸"黄帝神位"的横幅，供于上方，再杀鸡取血，滴鸡血于酒中，跪地宣誓，举起血酒一饮而尽。这些仪式很容易让人想起几千年来啸聚山林的草莽英雄，但是，这群"草莽"却是此前革命理想最彻底、学术成就最高的英雄。

　　为了成功暗杀清政府要员，蔡元培决定自己制造炸药，于是积极吸收懂化学的人加入组织，并配置炸药。蔡元培常常亲自到实验室练习。就在光复会成立后的第二年，光复会成员吴樾携带自制炸药暗杀清政府"五大臣"，可惜因炸弹提前爆炸，不幸当场牺牲。

　　从仕途无限的翰林编修，到从事暴力革命的激进革命家，如此巨大的身份转换，在中国历史上除了蔡元培外是绝无仅有的。如果说晚清社会的腐败是导致温和的封建士人投身于革命洪流的外在因素的话，那么蔡元培自身保持的开明的思想和进步的世界观，应该是导致这种转变的根本原因。最重要的是，单靠暗杀等暴力革命终究无法彻底改变社会，也不可能实现真正的民主共和，于是始终保持进步思想的蔡元培，此时又不得不迎来新的人生转变，这就是从暴力革命者，转变为一名热情的民主革命家、理性的教育家。

1905 年 8 月，孙中山在日本成立了中国同盟会，身在上海的蔡元培丝毫没有狭隘的团体个人主义观念，毅然同意将此时声势浩大的光复会合并加入同盟会，孙中山委任蔡元培为同盟会的上海分会会长。也正是从这个时候开始，蔡元培的命运和孙中山领导的革命事业建立了真正的血脉纽带关系。7 年之后，蔡元培被孙中山亲自任命为民国第一任教育总长，开始了他人生中作为一名杰出教育家的角色经历。

加入同盟会的蔡元培延续了激烈革命的斗争精神，后来成为民国教育界重要人物的黄炎培，正是在蔡元培的引导下加入同盟会的。他在蔡元培逝世后写的悼念文章中曾如此回忆：

> 乙巳秋，吾师忽召至其寓庐，郑重而言曰："我国前途至危……欲救亡，舍革命无他道，君谓然乎？"则敬答曰："然。"曰："欲革命，须有组织。否则，力不集，事不成。今有会焉，君亦愿加盟乎？"则敬答曰："苟师有命，何敢不从。"期以某日深夜宣誓，出誓文，中有句："建立民国，平均地权，驱除鞑房，光复中华。"吾师既指"平均地权"句说明其理由，小子卒在吾师之前宣誓加盟焉。[1]

[1]
黄炎培：《敬悼吾师蔡子民先生》，见重庆《大公报》，1940 年 3 月 23 日。

但是，此时的蔡元培已经不再单纯扮演革命家这一角色，而是有意识地向学者转型。1907 年 5 月，蔡元培前往德国留学。1908 年，他进入德国莱比锡大学开始研究心理学、美学、哲学等学科知识，直至 1911 年底。德国莱比锡大学深厚的学术氛围和先进的知识，奠定了蔡元培成为学贯中西的大师的基础，尤其对西方世界先进教育体制的考察和体会，使其逐渐形成了自身对创办教育的独特理解。留德期间,他除了日常在莱比锡大学听课学习之外,还亲自翻译了《伦理学原理》。为了更好地为中国社会服务,他又亲自编著了《中国伦理学史》一书,这是我国伦理学史的开山之作,他因此被誉为"用新体裁著中国思想史最早的一个人"。

北大校园内的蔡元培塑像

此像是北京大学 1977、1978 级毕业生所捐赠,由著名雕塑家曾竹韶教授创作。蔡元培于 1916—1927 年间任北京大学校长,为北京大学的发展和中国教育事业作出了卓越贡献,毛泽东曾赞誉他"学界泰斗,人世楷模"。

这段时期的学习经历,也成为他在辛亥革命后主持全国教育行政工作,以及后来主持北京大学教育改造的不可或缺的思想资源。对此,蒋梦麟在主持北京大学校长期间,面对学生公正地赞扬蔡元培先生令人敬佩的精神与渊博学问的关系。他认为,蔡元培先生具有"温良恭俭让的中国精神"、"注重美感的希腊精神"、"表现平民生活态度,相信和尊重别人的希伯来精神"三个重要的精神,蔡先生的精神是哪里来的呢?是从学问来的。

辛亥革命爆发之后,蔡元培正在德国考察中学规章体制。1911 年 10 月 11 日,

　　蔡元培应邀到一所中学考察期间，阅读报纸时惊悉国内发生革命，18 日就接到吴稚晖从伦敦发来的电文，该电文详细介绍了国内武昌革命过程和形势，他立即回复："弟于一周前往一山中之中学堂考察规程，并为心理学之试验。本拟逗留半个月始归，俄焉于报纸中见吾党克复武昌之消息，为之喜而不寐。"

　　11 月 28 日，蔡元培在国内无数革命志士的催促下，满怀激动地抵达上海，稍作安顿之后，就开始了各个派系之间的调停之旅，力促中华民国临时政府成立。1912 年 1 月 3 日，蔡元培接到孙中山任其为教育部总长之令，从此开始了民国第一任教育总长的艰苦工作。

　　然而，历史留给蔡元培任民国教育总长之位的时间极其短暂，短到只有匆匆数月他就辞职旅欧。我们无法想象一个上任只有数月的教育总长，能够在如此狭窄的历史板块之间做出如此多的教育规划。其规划之客观、筹谋之远见、体系之细密，远非当时任职时间更长的教育总长所能比，这是他在民国教育史上创造的奇迹。

　　1917 年，蔡元培开始了北京大学校长生涯，与其此前民国第一任教育总长仅仅数月的履职形成鲜明的反差，褪去教育总长的光环，北京大学校长时期的蔡元培留给人们更为深刻的印象。多年以后，当时的学生蒋复璁回忆起蔡元培校长，是如此充满自豪。当时他在马神庙新造好的大门里边空院内等考卷，只见台阶上坐着一个戴金丝眼镜、穿黑马褂的先生，靠在铺绿呢的桌上，用红硃笔点名，态度非常安详，真是慈而有威。这时旁人告诉他说，这就是他从小即晓得的蔡先生。他精神上顿时感到一种莫名的喜慰，同时也生了一种莫名的骄傲。他想这才是大学生的光荣，有这样一位校长来陶熔，那不是幸福吗？

此时的蔡元培已经过了"知天命"之年，从出任北京大学校长，至花甲之年卸任，在任 10 个春秋。这 10 年里，政府首脑更迭如同走马灯，北洋政府的总统换了 5 次，还有临时执政 1 人、摄政 2 人，内阁总理则换了 30 次。这十年里，蔡元培因为各种各样的原因，先后 7 次辞职，均未果[1]：

第一次辞职：1917 年 7 月 3 日；辞职原因是反对张勋复辟。

第二次辞职：1918 年 5 月 21 日；辞职原因是劝说学生不要去北洋政府请愿未果。

第三次辞职：1919 年 5 月 8 日；辞职原因是学生五四运动被抓。

第四次辞职：1919 年 12 月 31 日；辞职原因是北京教员全体停职。

第五次辞职：1922 年 10 月 19 日；辞职原因是北大学生爆发不满讲义收费而闹学潮。

第六次辞职：1923 年 1 月 17 日；辞职原因是抗议北大教员罗文干被抓。

第七次辞职：1926 年 7 月 8 日；辞职原因是从欧洲回国，拒绝与政府合作。

令人匪夷所思的是，历届政府都不批准蔡元培的辞职申请，即使他离开北京大学，也并不是政府批准了他的辞职申请，而是因为军阀张作霖取消北大改为京师大学校，他的北京大学校长之名不过是名义上被取消而已。也就是说，蔡元培自从被任命为北京大学校长开始，就成了终身校长，即使是蛮横粗暴

[1]
傅国涌：《蔡元培七辞北大校长》，见《周末》，2011 年 9 月 1 日。

的军阀主政，也认为蔡元培是最理想的北京大学校长。一个大学校长能够获得世人如此认可，这在世界大学史上当是独一无二的。

1940 年 3 月 5 日，民国血色昏黄的天空，噩耗传来，蔡元培在香港病逝。

毛泽东在蔡元培逝世之时发出唁电，尊称蔡先生为"学界泰斗，人世楷模"。北京大学校长的继任者蒋梦麟先生称之为"大德垂后世，中国一完人"。而美国著名教育学家杜威则评价为："拿世界各国的大学校长来比较，牛津、剑桥、巴黎、柏林、哈佛、哥伦比亚，等等，这些校长中，在某些学科上，有卓越贡献的，不乏其人；但是，以一个校长身份，而能够领导那所大学对一个民族、一个时代，起到转折作用的，除蔡元培而外，恐怕找不出第二个。"[1]

是的，一个在民国乱世，用杰出的领导智慧和渊博的学术知识，整饬了民国学制，铸就了北大精神，泽被了后世教育，让军阀政客、学者名流、市民百姓、革命家、顽固派、复辟派、封建遗老无不折服的校长、教育家，"除蔡元培而外，恐怕找不出第二个"。

[1] 高平叔：《北京大学的蔡元培时代》，《北京大学学报》1998 年第 2 期。

［二］
1915 年：逆流与乱象

辛亥革命爆发之后，天朝帝国的王冠与权杖终于跌落到了尘埃，取而代之的是资产阶级民主共和国大旗，但是，它并没有像革命党人想象中的那样牢牢地悬挂在这块苦难大地的上空。1912 年 3 月，在袁世凯的威逼利诱之下，孙中山辞去临时大总统职位，无数革命党人为之奋斗了多年的革命成果，就这样重新回到这位清朝要员的手中。

20 年之后，已经成为新儒家代表人物的熊十力，回忆亲自参加的这场革命，颇能让人体会其中的愤懑和无奈：

> 到了辛亥武昌起义，革命党也曾掌握过南方许多省。而新官僚气味重得骇人，暴露浮嚣侈靡淫佚种种败德。一时舆论都感觉革命只是换招牌。而过去腐恶的实质，不独丝毫没有改变，且将愈演愈烈。[1]

[1] 熊十力：《英雄造时势》，《独立评论》第 104 号，1934 年 6 月 10 日。

在熊先生说的"过去腐恶的实质""愈演愈烈"的民国初年乱局中，扮演了重要角色的，就是取代了孙中山临时大总统职位的袁世凯。

袁世凯，1859 年出生于河南的一个官宦世家，年少时期参加乡试未中，遂弃文从武。1882 年，朝鲜发生兵变，袁世凯跟随清廷出兵平乱，表现出色，获得清廷要员李鸿章的赏识，三年后，即被封为驻朝鲜大臣，由此开始步入晚清政治舞台中心最重要的一步。甲午战争的惨败，迫使身在朝鲜的袁世凯撤退回国。这次国家的大灾难，给了袁世凯崭露头角的一个绝佳机会。在李鸿章的力荐下，袁世凯负责在天津小站督练新军，谁也不曾想到就是他训练的这支新军，日后发展成为清朝政府陆军主力。控制了军权的袁世凯，日渐成为清朝政府倚重的一支力量。

1898 年，康有为、梁启超等人在京城轰轰烈烈地发起变法。为了取得成功，维新派想到借助袁世凯的新军力量支持变法。谭嗣同深夜访问袁世凯，请其出兵发动兵变，囚禁慈禧太后和荣禄。此前在天津小站练兵期间受到荣禄提携照顾的袁世凯，经过权衡利弊，最终选择了向荣禄告密，后者立刻发动兵变，软禁了光绪帝，捕杀维新派成员。此后，在复杂的政治斗争漩涡中，袁世凯几经沉浮，最终在 1912 年 3 月，轻松地从孙中山手中接掌了民国大印，取代孙中山成为民国临时总统，此后，他如同表演变戏法一样地去掉了"临时"之名，于 1913 年 10 月 6 日成为名副其实的民国大总统。10 月 10 日，袁世凯特意在太和殿举行了就职仪式，"俨然以皇帝自居"[1]，从 1912 年 3 月直至 1916 年 6 月，建立了"后辛亥革命时代"的袁世凯政府时代。

袁世凯掌握政权之时，封建皇权观念虽然并没有从根本上瓦解，但是，民主平等的教育观念已经越来越深入人心。这对于急于实现帝王独裁统治野心的袁世凯而言，也有巨大的触

[1]
李时岳等编：《中国近代史》，中华书局 1994 年版，第 426 页。

动。在当时西方列强虎视眈眈欲瓜分中国的危急形势之下，袁世凯自己也希望能够借助强大的国力挺直腰身和列强说话。在他看来，中国之所以落后挨打就是因为近代学术不发达，而学术不发达的根源在于教育落后，因此，欲实现中国的强大必先促进国家教育发展。他认为：

> 何以治国？科举既废，学校代兴，此为以实易空之转机，而又有蹈袭皮毛之弊。默察世界学术之趋势，而求与为平进，不得不唤起全国人民之自觉心，相率趋于崇实之一途。[1]

这似乎令人难以置信，一个在历史上被认为篡夺民国政权、导演复辟帝制，在1915年颁布了一系列尊孔读经教育政策而臭名昭著的"逆贼"，怎么能够心存教育强国之梦呢？但是，事实就是这样，如果我们翻开袁世凯民国之前在教育界的行为，甚至可以发现他在清末废除科举制度上一度扮演了非常重要的角色。

1905年，袁世凯主稿，联合了张之洞、端方、周馥等六位督抚大臣，向清政府上呈《请立停科举推广学校并妥筹办法折》，在这份奏折里，袁世凯等人恳请政府废除科举制度，代之以新式学堂选拔人才制度：

> 科举一日不停，士人皆有侥幸得第之心，以分其砥砺实修之志。民间更相率观望，私立学堂者绝少，又段非公家财力所能普及，学堂决无大兴之望。[2]

[1] 中国第二历史档案馆编：《中华民国史档案资料汇编》（第三辑教育），江苏古籍出版社1991年版，第29页。

[2] 天津图书馆、天津社科院历史研究所编，廖一中、罗真容整理：《袁世凯奏议》（下），天津古籍出版社1987年版，第1187页。

正是在袁世凯等人的联合奏请之下，清政府旋即下旨停止所有乡试、会试等科举考试。至此，在中国盛行了上千年的科举考试制度彻底被废除。虽然他的所作所为并非出于开启民智的目的，而是为了继续巩固清王朝的统治，但是此举毕竟在客观上有利于中国的教育，这一点是无需争议的。

从 1912 年 3 月袁世凯成为民国临时总统开始，民国历史进入四年袁世凯政府时期，袁世凯政府在教育上宣扬国民教育，其中，四年制义务小学教育堪称其执政期间民国教育的最大亮点。为了确保小学四年义务教育的实施，袁世凯政府先后制定并颁布了一系列旨在加强义务教育的法令。

1915 年，袁世凯政府颁布《特定教育纲要》、《国民教育令》，1916 年教育部公布《国民学校令实施细则》，等等。这些法令对学制进行了改革，改初等小学校为国民学校，规定儿童满 6 周岁到 13 岁之间为必须接受国民教育阶段，儿童父母和监护人有义务让儿童在此阶段接受国民教育：

> 吾国亦定初等小学四年为义务教育年限。但国民罕知义务，往往放弃其青年可贵之光阴。今将以教育普及为期，必使人人有自治之精神而去其依赖之性质。即私家学塾但能合乎教授管理之法，亦当与各学校受同一之制裁。[1]

[1] 中国第二历史档案馆编：《中华民国史档案资料汇编》（第三辑教育），江苏古籍出版社1991 年版，第 26 页。1187 页。

封建中国的子女教育向来遵循"子不学，父之过"的原则，父母教育子女虽为分内之事，但是从没有从国家法令的层面上加以明确。袁世凯在 1915 年算是圆了中国义务教育的梦，而推行之后，国内初等教育还是获得了一定程度的发展，全国各地学校数量和在校学生数都比清代有了明显的发展。这固然得益于民国第一任教育总长蔡元培在辞职以前已经做出的巨大努力，也与袁世凯政府对初等教育的推动有着直接的关系。因此，在袁世凯政府初期，中国的教育并没有许多人想象的那样暗无天日，乃至一直到了袁世凯政府垮台的1916年，中国小学教育发展依然有许多值得令人欣慰之处：

> 民国成立，国事尚在争执之秋，小学教育骤见发达，有一校学生数倍于旧额者，一地学校十数倍于原数者。南北各省，大都如是，此又我国年来之佳象也。[1]

据统计，1912年到1916年，全国学生数和学校数总体上呈现递增趋势，学生数量依次分别为2933387——3643206——4015336——4294251——3944548人；学校数量依次分别为：87272——108448——122286～129739——121119。[2]如果单纯从学校和学生数量的增长趋势上看，袁世凯政府时期的民国教育似乎还没有腐恶到无药可救，甚至比清朝有了进步。袁世凯政府时期的教育似乎风平浪静。

但是，这种所谓的"佳象"只不过是一种表面现象，根本无法掩盖袁世凯执政时期整体教育的倒退和崩塌，在民国教育看似平静的水面之下，早已经暗流涌动。

学校和学生数量的持续增加，不过是袁世凯政府时期教育的"金玉其外"，"败絮其内"的是学校质量的恶劣。研究者指出，在河南省，1913年初等小学全省没有一所合格，各初等

[1]
庄俞：《小学教育现状论》，《教育杂志》1916年第2期。

[2]
中国第二历史档案馆编：《中华民国史档案资料汇编》（第三辑财政一），江苏古籍出版社1991年版，第291—864页。

小学校大多租借庙宇当做校舍，编制管理等各方面也不健全，和私塾没什么区别。陕西全省 1700 所公私立小学中，除了省立、县立数所小学合格外，其他均不合格，尤其是教员不称职。湖南全省虽然拥有 3843 所初等小学校，但是高等小学校仅仅 569 所。学校成为科举的变相，学生终日伏案于教室，不注重实习。福建省小学在校人数本身就严重不足，而三、四年级的学生，每当遇到有法政或其他学校的招生就前往应考，在校学生均有随时可去之心，与高等小学校的精神、宗旨不符。教员更是缺乏安心从教之心。[1]

小学义务教育是袁世凯执政时期教育成就的代表，被称之为"我国年来之佳象"的小学教育尚且如此，中学、大学教育的混乱可想而知。到了袁世凯倒台的 1916 年，中学生的道德败坏与恶劣状况已经到了令人发指的地步：

> 嗜好多卑劣。烟也、酒也、博也、诲淫之小说、奢靡之服装。无一非卑劣嗜好也。如自修之事，则烟雾熏腾；过酒肆之门，则高朋满座；休假之日，则面敷雪花，身穿华服，徜徉于街头闾巷之间。夕阳西下，则挟美女封面小册而归。行为多放荡，以佻达为敏捷，以持重为顽固。至于尊卑长幼之分，则前十年事，而非言语今日矣。思想多败坏。学校风潮，不出于小学而出于中等学校。[2]

虽然至今仍有诸多版本讲述袁世凯政府时期对教育经费投入如何认真，但是，谁也不能否认军阀混战引发的现实生存问题对教育产生了致命的影响。当时军阀们忙于扩张地盘，军费

[1] 李文杰：《袁世凯政府的教育理念、教育政策及教育实践》，湖南师范大学硕士论文，2009年，第33—35页。

[2] 陈元晖等主编：《中国近代教育史资料汇编·普通教育》，上海教育出版社2007年版，第959页。

开支严重挤压了教育经费的正常空间，导致教育经费严重不足，这正是上面所说的许多地方以庙宇作为校舍的原因。例如，1913、1914、1916年，军费支出占据中央财政收入的百分比依次分别为27%、40%、37%，而同时期的教育经费百分比分别依次为：1%、1%、3%。[1]在如此混乱艰难的时局之下，教育质量可想而知。

按照中国传统的追责逻辑来看，所谓"上梁不正下梁歪"，袁世凯无疑成为教育滑坡的众矢之的。梁启超先生就曾激愤地表达了个人对袁世凯本人及其政府的厌恶之情：

> 袁氏自身原不知人之所以异于禽兽者何在，以为一切人类通性，惟见白刃则战栗，见黄金则膜拜，吾挟此二物以临天下，夫何求而不得者。四年以来，北京政府何尝有所谓政治，惟有此二物之魂影……袁氏据一国之最高权，日日以黄金诱人于前，而以白刃胁人于后，务欲硬制软化一国之人以为之奴隶，自非真强力之士。其不易自拔也，固有然矣……盖四年以来，我国士大夫之道德，实已一落千丈，其良心之麻木者什人而七八，此无庸讳者也……[2]

梁启超先生所言多少夹带了个人的情感好恶，作为当时学界的巨擘，他对袁世凯个人品行及其政府的态度尚且如此，更何况普通人呢？不过在今天看来，梁先生指责袁世凯政府"以黄金诱人于前，而以白刃胁人于后"的确与当时特殊的政治环境完全吻合，大棒加胡萝卜的政策在世界政治舞台上屡见不鲜，民国历史把袁世凯从晚清重臣推到了总统的宝座，无论是

[1]
中国第二历史档案馆编：《中华民国史档案资料汇编》（第三辑财政一），江苏古籍出版社1991年版，第291—864页。

[2]
梁启超：《袁政府伪造民意密电书后》，见梁启超：《饮冰室合集·专集之三十三》，中华书局1989年版，第108—109页。

当时社会的客观形势，还是个人意志愿望的主观态度，都驱使着他在民国政治舞台上进行这样的表演，这也注定了他不可能在教育上真正有所作为。尊孔读经就是他内心对待教育的最真实想法。

梁启超

　　1912 年 7 月，北洋政府教育部决定把"孔子诞生日"列入学校自定仪式中。9 月，袁世凯发布了《崇孔伦常文》，鼓吹儒家孔教伦理，推崇孔子。10 月，北洋政府教育部通令全国，规定"孔子诞日"举行纪念活动。在封建中国，孔子一直被作为圣人对待，作为中国教育的鼻祖，尊孔本身并没有什么不当，问题在于为什么要尊孔，以及如何尊孔。历来封建社会在抬高孔子地位之时，往往曲解孔子学说，过分放大孔子教育思想中维护封建统治的内容，并且将之塑造成一尊不容置疑的神，如此一来，孔子教育思想中的精华尽失，还被当作维护统治的工具。标榜共和民主的民国政体本身就与专制集权的封建政体水火不容，如此情况下，孔子再以圣人的面目出现，无疑有违历史发展潮流。

　　1913 年 6 月 22 日，袁世凯大总统发布《尊崇孔圣令》，宣扬孔子是"万世师表"，把孔子学说抬高到"放之四海而准者"的地位。在这个孔圣令之下，北洋政府掀起了一股尊孔复古的逆流。9 月，北京教育部通令全国，将孔子生日定为"圣节"，全国放假一天以示庆祝。除了孔子的故乡山东，首都北京和上海等地纷纷组织孔教会，他们出版杂志，开展各种形式的尊孔活动。1913 年 10 月，袁世凯授意定孔教为国教，并载入《天坛宪法草案》。1914 年 9 月，袁世凯率领文武百官亲自前往孔庙祭奠，所有参拜人员全部身着古装祭服，行三跪九叩之礼，这是民国成立以来最大规模的一次祭祀孔子闹剧。而以康有为、沈曾植、梁鼎芬等人组成的孔教会，把北洋政府尊孔复古思想推向高潮。康有为公开宣称应该以旧历八月二十七日为孔子生日，应定是日为"圣诞节"，令各学校放假一日，在该校行礼，"以维世道，以正人心，以固帮本，而立民极"。

孔教会的出现是民国教育界的一大怪胎。1912 年 11 月，康有为的弟子陈焕章秉承恩师旨意，在上海率先成立了孔教会，专门刊发了《孔教会杂志》。除了陈焕章之外，孔教会重要成员还有沈曾植、梁鼎芬等人。他们明确提出尊孔的目的在于"昌明孔教、救济社会"，宣称儒教就是中国的特有的国性，剥夺了它，国家将会灭亡，民族也不会继续存在，而尊孔就是固定国本，保守国性，发扬国粹，维持国俗，顺合国情者也。

孔教会成立之后，迫不及待要完成的事情就是树立孔教为国教。1913 年 8 月，陈焕章、梁启超、严复等人向政府提交了《孔教会请愿书》，要求政府从宪法上明确规定孔教为国教。此说一经提出，立即得到黎元洪、冯国璋等民国政要的大力支持，黎元洪声称：

> 兹者国体维新，民族仍旧，廉耻之防未立，礼义之用未宜，人背常经，士越恒轨，心无定宰，则竞权攘利之弊滋，乡无善型，则犯上作乱之衅起。又其甚者，至欲废父子之伦，裂夫妇之制，群聚苟合，禽兽不如。……拟请两院定国教，籍范人心。孔道一昌，邪说斯息。

孔教已经得到了政府层面的认可和支持，这是复古派们梦寐以求的事情，为了扩大孔子在全国的影响力，孔教会在民间社会层面上展开了凌厉攻势。在1913 年 9 月，孔教会代表两三千人云集孔子老家山东曲阜，召开了第一次全国大会，鼓噪进一步尊孔。在这次大会上，康有为被选为会长，陈焕章为干事长。在袁世凯政府的默许和支持下，孔教会势力在全国得到迅速蔓延。到了 1917 年3 月，山东等 16 个省的尊孔会社，在上海组建了"全国公民尊孔联合会"，推举张勋、康有为为名誉会长，派代表进京请愿，"要求定孔教为国教列入宪法"。尊孔派定孔教为国教的活动达到顶峰。

袁世凯将孔教作为国教的根本目的，并不是要在中国发展宗教势力，而是借助宗教的神圣外衣包装封建孔教思想，然后再借助被神圣化的孔教禁锢民众的思想，以此实现复辟帝制重回封建王朝的老路子上去。

巧合的是，袁世凯包装孔教为宗教的行为正赶上外国宗教势力对中国的大肆侵入之时。国外的传教士已经在国内建立了诸多据点，正在努力扩张自身的势力。袁世凯政府尊孔的行为，让孔教被尊为至高无上的国教，不仅一般的国民要尊孔，而且许多此前已经加入基督教的学生也迫于政治压力参加祭拜仪式，这引起力图扩大中国市场的教会势力的强烈不满。他们直接和袁世凯政府交涉，要求政府保证参加基督教的中国学生的宗教独立性，不允许基督徒学生参加祭拜孔子的仪式。

传教士大批进入中国是在鸦片战争前后，他们中的一部分人来到中国传教的目的是宣扬基督教义，但是绝大部分教士来中国的目的并不是出于纯粹的宗教信仰，而是希望通过宗教麻醉愚弱的国民，最终实现在精神上控制中国的目的。这正如美国传教士明恩傅曾说的："英语国家的人民所从事的传教事业，所带给他们的效果必定是和平地征服世界——不是政治上的支配，而是在商业和制造业，在文学、科学、哲学、艺术、教化、道德、宗教上的支配，并在未来的世代里将在一切生活的领域里取回效益，其发展将比目前估计得更为远大。"[1]这个说法还是很有些道理的。

[1]
顾长声：《传教士与近代中国》，上海人民出版社1981年版，第448页。

大清的子民对宗教知识的匮乏令传教士们吃惊，而顽固地拒绝洋人宗教的决心、对宗教的警惕和恐惧情绪，更让早期来华传教士伤透脑筋。为了让中国民众接受教义，传教士们不再局限于在教堂里讲经布道，他们发现创办教会学校不仅可以招收大量贫苦子弟进入学校，从而把他们发展成为信徒，而且还能够取得民众的普遍好感。

北京最早的西式女子学校

1830年，美国公理会传教士裨治文在广州创办了在华的第一所教会学校——贝满学校。1840年，英国传教士在宁波创办了女子学校，第一所在华教会女校正式诞生。国内海滨城市陆续出现各式教会学校。教会学校的遍地开花最初引发了清政府的恐惧和排斥，他们担忧这些红头发、蓝眼睛的传教士们用魔法改变中国民众数千年的忠君传统而信奉基督，但是，最终的结果出乎意料地实现了"双赢"。虽然教会学校以西方教育模式对封建中国科举教育产生了巨大的冲击，可是清政府担心的信徒因为信奉基督而动摇忠君的局面并未出现，相反，经过宗教洗礼的中国信徒在君主的专政面前表现出更大的忍耐性和宽容。于是，清政府和西方传教士双方妥协，中央允许并且支持传教士在华创办教会学校，而许多教会学校也不再强迫学生的宗教信仰，彼此相互支持在中国大力兴办教会学校。

在这样的形势之下，国内教会学校遍地开花，兴起了一股教会学校教育的热潮。在辛亥革命之前，国内教会学校的规模和体系获得了空前发展，形成了以初等、中等、高等三级教育为主体，其他各种形式的专门教育为辅助的基督教教育体制。1912 年，教会学校学生数量已经达到 138937 人。1917 年，外国人在华创办学校的学生数占中国同级学校学生总数的百分比情况是：初等学校占 4%，中等学校占 11%，高等学校占 80%。[1]

袁世凯政府时期，教会学校在国内的势力已经如日中天。袁世凯在教育界推行的尊孔政策，一度因触犯教会学校的利益而遭到宗教势力的反对。为了消除教会学校对列孔教为国教的干涉，同时也不触怒国外势力，袁世凯表面上延续了此前"不干涉亦不承认"的政策，但是暗地里派人东渡日本考察教会学校。据郭秉文 1915 年的记述，当时教育部"已派委员往日本考察"教会学校，同年，教育部给各省区的教育厅局的咨文中，特别强调"外人在内地设立之各种学校，其编制多与部令章程不合，但既办教育统计，对于此类学校自不能不特别注意"[2]。但是，袁世凯直至死去都没有采取措施打压教会学校，最终双方还是相互妥协，因为他们都明白只有和平相处才能实现各自的目的。

[1]
陈学恂主编：《中国近代教育史教学参考资料》下册，人民教育出版社 1987 年版，第 380 页。

[2]
转引自杨思信：《民国政府教会学校管理政策演变述论》，《世界宗教研究》2010 年第 5 期。

1917年，也就是袁世凯政府被历史唾弃的第二年，时任上海圣约翰大学校长的中华基督教教育协会董事会主席卜舫济曾说，培养有用的公民乃是我们与政府办的学校的共同目的，我们应当成为政府办的学校的辅助机构，为新中国造成"基督徒公民"。所谓的"基督徒公民"并不是因为信奉了基督而不再忠于君主，而是在信奉基督之后，更忠于现实君主的统治。这种结果当然是袁世凯渴望见到的，只不过他在死之前没有听到卜舫济关于"基督徒公民"的美妙演讲。

袁世凯在教育上鼓吹尊孔，是对此前民国教育的最大冲击。因蔡元培在袁世凯篡夺政权之前一个月刚刚发表了《新教育意见》，这份奠定民国初年教育方针基础的文章，直言对清末学部制定的"忠君、尊孔、尚公、尚武、尚实"的教育宗旨加以修订，原因是"忠君于共和政体不合，尊孔与信仰自由相违"，与之相对应，应该建立"军国民教育、实利教育、公民道德教育、世界观教育、美感教育"[1]五项，即"五育"方针。这实际上意味着蔡元培在民国初年费尽心血铲除的尊孔读经教育行动被袁世凯终结了。多年之后，鲁迅撰文讽刺这场教育界的复古逆流：

[1]
熊明安：《中华民国教育史》，重庆出版社1990年版，第6页。

> 自二十世纪的开始以来，孔夫子的运气是很坏的，但到袁世凯时代，却又被从新记得，不但恢复了祭奠，还新做了古怪的祭服，使奉祀的人们穿起来。跟着这事而出现的便是帝制。然而那一道门终于没有敲开，袁氏在门外死掉了。余剩的是北洋军阀，当觉得渐近末路时，也用它来敲过另外的幸福之门。盘踞着江苏和浙江，在路上随便捕

杀百姓的孙传芳将军，一面复兴了投壶之礼；钻进山东，连自己也数不清金钱和兵丁和姨太太的数目了的张宗昌将军，则重刻了《十三经》，而且把圣道看作可以由肉体关系来传染的花柳病一样的东西，拿一个孔子后裔的谁来做了自己的女婿。然而幸福之门，却仍然对谁也没有开。[1]

至此，我们不难理解，袁世凯的复辟帝制为何搅浑了教育，其内在的逻辑关系就是学界所说的，在中国要复辟就要尊孔，只有尊孔才能复辟，两者谁也离不开谁。

尊孔和读经是袁世凯政府时期民国教育界的一对孪生兄弟，尊孔需要通过读经来演绎具体行为，读经需要尊孔树立权威形象，二者谁也离不开谁。在整个尊孔读经活动中表现积极的康有为曾说：

> 中国文化垂五千年，赖以不弊者，孔教耳。孔教之精华在经，故小学读经，尤为当务之急。往昔士大夫劳精疲神。致其力于八股之中，吾人辄厌弃之，乃倡议兴学堂，废科举，及今思之，已十九年矣。[2]

1913 年，康有为又致信教育部，大声疾呼在全国教育界读经之重要：

> 呜呼！中国数千年以来，未闻兹大变也。顷乃闻部令行饬各直省州县，令将孔庙学田充公，以充小学经费，有

[1] 罗湘、陈隽编：《鲁迅小说、杂文、散文全集》下册，广西民族出版社 1995 年版，第 1717 页。

[2] 汤志钧：《康有为政论集》，中华书局 1981 年版，第 953 页。

斯异政，举国惶骇，既已废孔，小学童子，未知所教，俟其长成，未知犹得为中国人否也，抑将为洪水猛兽也。[1]

[1]
康有为：《中华救国论》，《康有为政论集》下册，中华书局1981年版，第863页。

早在 1912 年 1 月，蔡元培任民国教育总长之时，一上任就废除了小学的"读经科"，5 月，教育部通令各省，明确通令小学废止"读经科"。蔡元培此举意在彻底废除晚清学制遗留下来的封建教育传统，打破经书对国民启蒙教育的束缚，建立西方资产阶级民众科学的教育理念。蔡元培此举与整个民国政体完全吻合，无论是当时政府还是教育界，都对此表示欢迎。袁世凯接管民国临时大总统之时，忙于政治斗争无暇顾及此事，所以对此没有表示异议。乃至到了 1912 年 9 月 2 日，蔡元培辞去教育总长之职已经一月余，教育部重新公布了中华民国教育宗旨："注重道德教育，以实利教育、军国民教育辅之；更以美感教育完成其道德。"[2] 这个教育宗旨实质上延续了蔡元培此前制定的"五育"并举教育方针。其"道德教育"的内涵依然是蔡氏所倡导的西方资产阶级自由、平等、博爱等道德观。9 月 28 日，教育部颁布《小学校令》，在教学科目上，仍然取消了读经讲经课的科目。

[2]
中国第二历史档案馆编：《中华民国史档案资料汇编》（第三辑教育），江苏古籍出版社1991年版，第22页。

1914 年，袁世凯已经完全掌控了政府权杖，可以抽出身来从容地在教育部门为他的复辟之路扫除障碍。是年 12 月，教育部正式下文恢复读经传统，明确要求中小各学校修身及国文教科书采取经训，以保存固有之道德；大学院添设经学院，以发挥先哲之说。1915 年 1 月，袁世凯颁布了著名的《特定教育纲要》。《纲要》包括《总纲》、《教育要言》、《教科书》、《建设》、《学位奖励》，明确规定了中小学读经的具体内容：初等小学读的是《孟子》，高等小学读《论语》，中学读的经书是《礼记》、《左氏春秋》等节读。随即又颁布了《国民教育令》、《钦定教育要旨》，这成为袁世凯政府后期教育思想的集中体现，全国的教育从教育宗旨到课程设置，再次回到晚清的读经时代。

需要注意的是，在袁世凯时期这场声势浩大的学校读经运动中，教育部专门发表了有选择地读经书的声明，强调了各个学校不得以读经书为借口减少其他各科学习时间。学界研究成果证明，袁世凯政府推行的读经运动较之清末还是有很大的降低。这一点常常引发学界的争议，赞同者认为袁世凯的读经只不过是恢复国粹，反对者则认为袁世凯逆历史潮流而动，目的就在于为他日后做皇帝铺路。孰是孰非姑且不论，仅就这场声势浩大的读经运动造成的后果而言，有一点是可信的，即在袁世凯发动的铺天盖地的读经运动中，不仅蔡元培引进的西方资产阶级道德观念荡然无存，而且传统儒家修身养性的道德无法落实，最终的结果是西方新道德没有养成，中国传统旧道德也失去了。其间教育所教的无非是中国迂腐的经史文学，也就是死读几本外国文和理科教科书，这与近代西洋教育宗旨精神可谓相去甚远。

汤化龙

在袁世凯发动的读经活动中，除了鼎鼎大名的康有为之外，还有另外一个重要人物不应该被我们遗忘。这就是袁世凯政府时期的民国教育总长汤化龙。

汤化龙（1874—1918），湖北人，出身富商家庭。据说年少之时看见当地土豪劣绅欺压百姓，汤化龙就曾跪在母亲面前发誓"儿将为御史者，必除此虐政"。历史如此吊诡，汤化龙终于如愿以偿，身居民国教育总长之要职，但是虐政却无法根除，而他自己则被革命党人的子弹夺去了年轻的生命。这注定了他是一个在民国教育历史上留下重要影响却常常被人遗忘的悲情角色，其在民国建立之后与梁启超合作组建进步党，在当时与梁启超并称，"汤梁并称即起于此时"，尤其在社会政治活动方面，"汤较梁尤为突出"。

1914 年 5 月，汤化龙正式出任袁世凯政府教育总长。他在日本留学期间，深谙日本国家教育发达与中国教育弊端之现状，对中国封建科举制度尤其痛恨，任职期间要求学校没收科举考试所用的书籍，其作风大有民国初肇之时摧毁清朝一切旧体制之味：

> 学生用之参考书如《时务通考》、《策论大全》、《四书》之类，于脑力目力殊多妨损，此种科举册子在学校最不适用，参考愈多科学愈无进步，应时时检查，加以干涉。[1]

[1]
中国第二历史档案馆编：《中华民国史档案资料汇编》（第三辑教育），江苏古籍出版社1991年版，第314页。

与当时留日回国任职教育部的诸多官员一样，汤化龙主张效法日本明治维新推动中国现代教育。从这一点来看，把汤化龙描绘成袁世凯的走狗无疑是不正确的。汤化龙任职期间是否真的趋炎附势倡导尊孔读经，历来扑朔迷离众说纷纭。坚持汤化龙附和袁世凯策划的尊孔读经运动的，往往以他的《汤化龙上大总统言教育书》、《教育部饬京内外各学校中小学修身及国文教科书采取经训务以孔子之言为指归文》为其尊孔读经的罪证。

其实，汤化龙对当时的尊孔读经运动并不完全赞同，他主张尊敬孔子，但是反对定孔教为国教；主张学生有选择地阅读经典，但是反对中小学阅读全部经书。1915年，当袁世凯称帝的野心人人皆知之时，汤化龙多次劝说无效，干脆采取了不合作态度，直接辞职而去。对于汤化龙的人品，据他的学生回忆，辞去教育总长之职后的汤化龙，每天都要接待无数客人拜访，但是只要学生一来，他就放着其他尊贵的客人坐冷板凳，径直跟青年学生聊天，并且特别告诫学生毕业后不要在北京找官做，而要做地方议员，因为在他眼中，官僚与蛀虫无异。而汤化龙在读经问题上的态度，据汤化龙任职教育总长期间教育部部员华觉明回忆，也并非是外界所传的那样遵循袁世凯的旨意，相反，他在这个问题上与袁世凯存在矛盾：

　　视事之初即主张高等小学废止读经，以便培养儿童脑筋多习科学，另在修身教科书中采取经训，以孔子之言为旨归，以期兼顾。山东巡按使蔡儒楷揣摩袁的意旨，正式上呈总统，说汤离经叛道，动摇国事，大肆攻击，参政院参政程树德亦文诋毁，并有人秉承袁的旨意，主张以复古为教育宗旨，变更学校教法，汤具棋以去就争，事遂寝搁。

此外，汤对职责上应做之事，如修正国民教育会，编纂教
科书，建立评定学术委员会等积极计划，不负其职。[1]

也就是说，汤化龙本人在读经问题上并非与袁世凯志同道
合，袁世凯之所以让他出任教育总长要职，并不是因为汤化龙
和自己政见相同，而是为了笼络其他进步的党派团体，向全国
人民做出一种开放民主的姿态，而汤化龙明知袁世凯为人却愿
意接受教育总长之职，则与他心系民国教育大业有关，这多少
有点忍辱负重的味道。以他之名颁布签署的各种读经尊孔之
令，我们可以归咎于人在官场身不由己。

但是，这绝非表明他是清白无辜的，袁世凯执政期间，他
扮演了一个非常不光彩的角色，即以教育总长之名推行贤妻
良母教育。他在《整理教育方案》中要求，女子教育要"勿骛
高远之谈，标志育成贤妻良母主义"，这多少让人大跌眼镜。
袁世凯政府一直主张全民教育，当然包括男女接受教育平等
的思想，但是事实上，女子教育被封建男女不平等观念禁锢，
根本没有办法获得实质性的进展。汤化龙的这种女子贤妻良
母教育观念，对于当时女子教育的全面展开有相当大的负面
影响，五四运动之前政府开设的女子中学仅有 9 所，学生人
数仅为 622 人，女子职业学生更是极少。在民主开放已经成
为历史潮流的现实背景下，汤化龙的这种教育观念显得特别
刺眼，也因此被无限放大，成为民国教育史上的一大丑闻。

1918 年 9 月 1 日，汤化龙在温哥华参加完晚宴，在步出
酒楼的大街上，被迎面而来的革命党人连开三枪，不治而亡。
事后，其遗体由当地国民党支部运回广州，国民党人给他盖棺

[1]
中国人民政治协商会议
湖北省委员会文史资料
研究委员会：《湖北文
史资料》第 8 辑，湖
北人民出版社 1984 年
版，第 133 页。

定论"袁之走狗，段之帮凶"。而枪杀汤化龙的革命党人王昌则在遗书中写道：
"我不忍坐视国亡，实行铁血主义。"

在汤化龙遇刺身亡的前两年，袁世凯已经在全国人民的一片唾沫声中死去。
北洋中央政府教育部长范源濂颁布命令，删除袁世凯当政时期所有有关小学读经
的条文，这标志着北洋中央政府已经开始放弃读经政策。1916 年 10 月 9 日，教
育部对《国民学校令》和《高等小学校令》予以修订，废除了其中的"读经"科
目。1917 年 5 月，宪法审议会议否决了"定孔教为国教"案，撤销了 1913 年《宪
法草案》中"国民教育，以孔子之道为修身之大本"等相关条文。

至此，民国时期轰轰烈烈的教育逆流和乱象，终于随着袁世凯的死亡而烟消
云散。

【三】
1917年：风流云散的北大

小学和大学，究竟应该先整顿哪一个？

范源濂认为：小学没有办好，怎么能办好中学？中学没办好，怎么能办好大学？所以我们第一步，当先把小学整顿。

蔡元培认为：没有大学，中学师资哪里来？没有好中学，小学师资哪里来？所以我们第一步，当先整顿大学。

这是蔡元培出任民国教育总长之后，和教育次长范源濂关于小学教育与大学教育孰轻孰重的一次争论。不可否认，蔡元培对高等教育有着特别的兴趣和偏好，这是他特别关注高等教育的重要原因。但是，我们不能不看到，蔡元培在民国之初整顿高等教育的根本原因，还在于对高等教育重要性的理性认识。对此，曾被邀请到北京大学演讲的梁启超先生曾言："一国之大学，即为一国文明幸福之根源，其地位之尊严、责任之重大，抑岂我人言语所能尽欤？"梁氏所言虽然过于夸大大学的地位，但是，从一个国家文明发展的长远来看，大学的地位是不可取代的。

1912年5月，时任京师大学堂总监督的严复致信教育总长，要求把京师大学堂改名为北京大学，如此做的目的就是要进一步表明它是一所近代的高等学校，而不是新共和时期谋官者的乐园。此举得到袁世凯的批准，国务总理唐绍仪和教育总长蔡元培分别郑重地在文件上署名。自此，沾染陈旧封建习气的京师大学堂经历了华丽转身，开始中国第一所现代意义上大学的艰难之旅。

京师大学堂创办于 1898 年 7 月 3 日，由清光绪帝正式下令批准设立，属于戊戌变法的"新政"产物。1897 年，美国著名传教士狄考文（1836—1908），起草了《拟请京师创设总学堂议》，然后以中国教育会的名义呈送总理衙门。第二年，总理衙门批准了这位传教士的请求，清政府同意开办京师大学堂。

作为我国历史上第一所国立综合性大学，学堂充斥着浓厚的封建教育思想。最初招收的学生大都是京官，因此，学堂里的学生都被尊称为老爷，而监督及教员都被称为中堂或大人，俨然一个挂着学堂之名的朝廷衙门。由于京师大学堂是新式学堂，中国人缺乏普遍的管理经验和西方知识，不得不求助于西方传教士，聘请传教士来学堂任教成为京师大学堂日常教学工作的重要内容。如此一来，中国封建式的领导管理和西方近代化的大学教育形成尖锐的矛盾，其混乱不堪可想而知。

就在京师大学堂开学仪式的当天，数百名被邀请来的中外嘉宾和教员亲身体会了这种内在矛盾和混乱的荒唐：大学礼堂的主席台上高高悬挂着孔子画像，在接下来的典礼仪式中，一群被聘请作为学堂教授的外国人，身穿教授礼服，郑重地对着孔圣人画像鞠躬致意。自鸦片战争以来，清人已经被西方坚船利炮吓破了胆，只看见中国人向外国人鞠躬的，还从没看见外国人向孔子低头的。眼前这群红头发蓝眼睛的外国人恭恭敬敬地对着孔子画像鞠躬，让就座的中外嘉宾大跌眼镜。仅此一点，就可以想象出最初的京师大学堂如何官僚封建与混乱。

京师大学堂的教育管理体制深受封建科举制度的影响，清末推行的奖励学堂科名出身的制度，导致学堂成为获取功名的敲门砖。1915 年，后来成为中国著名哲学大师的冯友兰先生考取了北京大学哲学系，据他回忆：

　　当时北大的大部分学生和他们的家长，都还认为上北京大学就是要得到一个"进士出身"，为将来做官的正途。当时的北大学生都想着，来上学是为了混一个资格为将来做官做准备。北大无形中是一个官僚养成所。当时法科是一个热门，因为人们认为上法科到做官是顺理成章的，文科是一个最冷的冷门，因为人们都不清楚文科究竟是干什么的。[1]

[1]
冯友兰：《我所认识的蔡子民先生》，见陈平原、郑勇编：《追忆蔡元培》，中国广播电视出版社1997年版，第165页。

相比之下，在学堂当教员倒不如做学生有前途。例如，浙江举人陈汉章学问渊博，京师大学堂想聘请他去任教，但是他听说大学堂毕业就等于是翰林，宁愿到大学堂做学生，以博取翰林之名，也不愿意去大学堂任教。如此一来，教员们也懒得认真上课，要么把以前的讲义拿出来分发给学生，然后照着读一遍，要么频繁请假，忙于外面的营生。到了考试之时，谁也不愿意、更犯不着得罪这帮官宦子弟，教员往往把考试范围划给学生，学生混个及格，教员落个好人缘，彼此都欢喜。

当时京师大学堂教员的不学无术，学生们的吃喝嫖赌，校风的败坏虚浮，管理的混乱腐败，可谓臭名昭著。1913年，后来成为著名学者的顾颉刚考入北京大学预科之时，对北京大学的乌烟瘴气这样描述：

学校像个衙门，没有多少学术气氛。有的教师不学无术，一心只想当官；有的教师本身就是北洋政府的官僚，学问不大，架子却不小；有的教师死守本分，不容许有新思想；当然也有好的，如教音韵学、文学批评的黄侃先生，教法律史的程树德先生，但不多见。学生们则多是官僚和大地主子弟。有的学生一年要花五千银元；当然，这样的富豪子弟数量不多，大约不过两三人。至于一年花千把银元的人就多了，少说也有好几十。像我这样一年从家里只能拿二三百银元来上学的，就是穷学生了，在学校里简直没有地位。一些有钱的学生，带听差、打麻将、吃花酒、捧名角，对读书毫无兴趣。那时的北大有一种坏现象：一些有钱的教师和学生，吃过晚饭后就坐洋车奔"八大胡同"（和平门外韩家潭一带）。所以妓院中称"两院一堂"是最好的主顾（"两院"指参议院、众议院，"一堂"指京师大学堂）。这种坏现象是从清末保留下来的。那时在学生中还流行一种坏风气，就是"结十兄弟"。何谓"结十兄弟"？就是十个气味相投的学生拜作兄弟，毕业后大家钻营做官，谁的官大，其他九人就到他手下当科长、当秘书，捞个一官半职，"有福同享"。这个官如果是向军阀或大官僚花钱买来的，那么钻营费由十人分摊。这样的学校哪能出人才？只能培养出一批贪官污吏！蔡元培先生来长校之前，北大搞得乌烟瘴气，哪里像个什么"最高学府"？[1]

也许，顾颉刚对北京大学乌烟瘴气的渲染，难免夹杂一些夸大之词，但是，后来作为校长的蔡元培对北京大学不良学风的深恶痛绝，则是公允客观的：

> 尤其北京大学的学生，是从京师大学堂老爷式学生嬗继下来。他们的目的，不但在毕业，而尤注重在毕业以后的出路。所以专门研究学术的教员，他们不见得欢迎。[2]

蔡元培将北京大学校风的腐败归结于前清遗留下来的科举应试教育体制，这个认识是精准的。按照意大利著名学者维柯

[1]　顾颉刚：《蔡元培先生与五四运动》，见钟叔河、朱纯编：《过去的学校》，湖南教育出版社 1982 年版，第 11 页。

[2]　蔡元培：《我在北京大学的经历》，见中国蔡元培研究会编：蔡元培全集（第七卷），浙江教育出版社 1997 年版，第 54 页。

在《新科学》一书中的经典观点，事物的起源决定了本质。京师大学堂在民国时期如此混乱腐败，其本质是由于它是晚清政府在当时科举考试制度盛行的现实背景下创立的，直到科举制度废除之前，京师大学堂都是官宦子弟进入上流社会的阶梯。这样的本质决定了重塑北大校风必须先从铲除"科举时代所遗传之虚荣心"[1]开始。

严 复

[1]
蔡元培：《在直隶省定县中学的演说》，见中国蔡元培研究会编：《蔡元培全集》（第三卷），浙江教育出版社1997年版，第54页。

其实，针对北京大学痼疾进行改革治疗，蔡元培并非第一人。作为民国成立后北京大学的首任校长，严复也发现了北京大学疾病缠身的严重现状，为此，他给北京大学开出的治疗药方是用西方自由主义教育精神取代封建主义教育体制。在他任职北京大学校长期间，第一次把自由主义教育思想引进北大，他对原有"书院国子（学）之陈规"给予改变，将"经学"、"文学"合并为"文科"，增加了自然学科，明确提出大学的宗旨是"保存一切高尚之学术，以崇国家之文化"。

遗憾的是，北京大学的自由主义教育引起了北洋军阀政府的强烈恐慌和不满，对此采取严厉的打压政策，以关闭北京大学相威胁。受到当时政治环境的强大压力，严复被迫辞职。随着这位著名学者的离去，北京大学刚刚燃起的自由主义教育之光随即熄灭了。

1912 年，马相伯被袁世凯总统府聘为高等顾问，代理北京大学校长。这位在民国时代被尊称为"国之大老"的传奇人物，在任职演讲中发表了"何谓大学"的经典观点：

> 诸君皆系大学生，然所谓大学者，非校舍之大之谓，非学生年龄之大之谓，亦非教员薪水之大之谓，系道德高尚，学问渊深之谓也。诸君在此校肄业，须尊重道德，专心学业，庶不辜负大学生三字云。[1]

五年之后，马相伯的学生蔡元培同样以北京大学校长的身份，站在这里的演讲台上，发表了他对大学的看法："大学者，研究高深学问者也。"这与马相伯对大学的理解何其相似！但是，历史让后人记住的历任北京大学校长中，只有蔡元培才是永远的北京大学校长。这自然有着合理的依据，因为无论是严复还是马相伯，对北京大学的改造都是一种针对局部病灶的微创手术，虽然治疗的手法正确、目标精准，但是，其结果只能是让病人活下去而并非痊愈，只有蔡元培对北京大学的改造是全面而彻底的。这与其说是民国的历史成就了蔡元培，不如说是蔡元培对北京大学科学的治疗方案成就了民国高等教育。

1916 年 6 月，袁世凯暴亡，黎元洪继任大总统。9 月，尚

[1]
马相伯：《代理大学校长就任之演说》，见王学珍、郭建荣主编：《北京大学史料》（第二卷下册），北京大学出版社 2000 年版，第 236 页。

在法国旅居的蔡元培收到北京政府教育总长范源濂邀请其归国担任北京大学校长的电文。接到电文后，蔡元培由法国马赛乘船归国，11月8日回到上海。12月26日，蔡元培出任北京大学校长，并于1917年1月4日到校就职。

历史选择了蔡元培作为民国教育总长，也注定了他与这座京师大学堂之间剪不断理还乱的因缘。

1912年，蔡元培发布《大学令》，要求"大学以教授高深学术，养成硕学闳才，应国家需要为宗旨"，倡导高尚学术研究，为当时的高等教育明确了方向。易名后的北京大学，从第一任校长严复，到何燏时、胡仁源，乃至蔡元培辞职之后的蒋梦麟、胡适，都一本蔡元培《大学令》中的倡导高尚学术研究的宗旨。

当今人以崇敬之情仰视北京大学的时候，稍有历史常识的人首先就会想到蔡元培。而蔡元培就任北京大学校长第一天的仪式，则已经被历史定格为中国教育史上最经典的瞬间：

1917年1月4日，北京大学门口，全校校工们聚集在一起，恭恭敬敬地排队等候新校长蔡元培上任，绝大多数人仰慕其大名，尚未见过其人，无不想借此一睹其风采。大家按照自己的想象，描绘着这位前教育总长、著名学者的模样。不久，新校长来了。令众人吃惊的是，这位新校长并没有像此前的学校官员那样高傲地享受众人的膜拜，而是优雅地脱下礼帽，郑重其事地向校工们鞠了一个躬。此后，他每天出入校门，校警向他致敬，他都脱帽还礼。此前的北京大学一直被称为"官僚养成所"，蔡元培却没有把北大校长当成一个官职，其平淡低调的大儒风范，让全校师生大为惊讶的同时，也给大家留下了非常深刻的印象。

入主北京大学之后，蔡元培整顿学风，消除积弊，短短数年时间，北京大学"学风丕振，声誉日隆"。在蔡元培辞职后接任北京大学校长的蒋梦麟，非常钦佩蔡元培在北京大学的教育改革，他非常形象地将蔡先生出掌北大比喻为"在静水中投下革命之石"。蔡元培能够让北京大学"化腐朽为神奇"而投入的"革命之石"，其中有几点一直被后人称赞：

其一是铲除了封建科举教育的遗毒，在学生中树立求学不是为了升官发财的新风。从封建教育体制中走出来的蔡元培，深知旧学堂学生观念上的腐败低俗，认识到北京大学"著名腐败的总因"在于学生观念上的错误——他们进大学的目的完全不在于求学，而是将其作为升官发财的工具。因此，蔡元培提出"我们第一要改革的，是学生的观念"[1]。为此，他向北京大学学生提出一要抱定宗旨，为求学而来，而不是升官发财；二是砥砺德行，品行谨严；三是敬爱师友，以诚相待，互相劝勉。[2]

其二是整顿学课，教授治校。蔡元培主持北京大学校长之初，发现学校"学课之杂乱"是声名狼藉的一大原因，为此，他重新整顿学生授课内容，按照西方资本主义国家的大学授课模式进行课程改革，去除陈旧腐朽的非学问研究低俗课程。在学校管理上，蔡元培创造性地为后人提供了"教授治校"的模式。早在 1912 年 10 月，民国政府颁布的《大学令》里就已经体现出这种现代化的大学管理模式。根据《大学令》，大学设评议会，以各科学长及各科教授互选若干人为会员，大学校长可随时召集评议会，自为议长。大学各科各设教授会，以教授为会员，学长可随时召集教授会，自为议长。

蔡元培的"教授治校"政策有着多重的价值，一方面，在学校内部，北京大学管理中的政治力量边缘化，避免了校长独断专行，确保了有个性、有才华的学者在北京大学担任教员的自由——这当然需要蔡元培具有惊人的雅量。1918 年，蔡元培为了提升北京大学师生的道德修养，在校内组织了进德会，倡导加入的会员能够拒绝嫖、赌、纳妾等陋习，此举得到校内

[1]
高平叔编：《蔡元培全集》（第六卷），中华书局1989 年版，第 350 页。

[2]
高平叔编：《蔡元培全集》（第三卷），中华书局 1989 年版，第 7 页。

广大师生热烈赞同，但是，师生是否加入进德会全凭自愿，领导绝不勉强。当时在北京大学一向以作风狂放著称的著名学者黄侃对此并不领情，他毫不客气地退回了邀请其加入进德会的志愿书，并声称："入会与否系个人自由。此时信向不出本心，则时守之不力，万不敢自欺复欺。"对此，蔡元培非常尊重他的选择，绝不干涉。另一方面，对校外而言，这一政策确保了北京大学不受当时政府过多干涉和控制，获得了宝贵的学术自由发展空间。

当然，蔡元培担任北京大学校长之后，最为后人津津乐道的，还是他不拘一格聘请名家，并允许思想自由的教育观念。

为了保证上课质量，蔡元培不拘一格聘请国内著名学者前来上课。他聘请教师的方法主要有两个，一看学问，二看态度。前者注重教师的学术成就，后者关注教师对待学问研究、学生的兴趣态度，不但对世界的科学取最新的学说，而且也要用新方法来整理它。北京大学在极短的时间内，迅速聚集了国内大批最有才华、最有个性、最为著名的学者。蔡元培不拘一格聘请教员的方式，以及允许不同思想流派交锋争鸣的包容自由态度，成为北京大学精神的文化符号。例如，蔡元培在成功聘请当时国内最著名的新文化运动主将陈独秀等人的同时，又网罗了旧派人物辜鸿铭、刘师培等人，倡导"兼容并包、思想自由"，一直被誉为民国以来教育界的佳话。

1916 年 12 月 26 日，就在教育部正式下文任命蔡元培为北大校长的那天，蔡元培很早就来到北京前门外大街的一家旅馆，拜访因为宣传新民主思想而名声大噪的陈独秀。但是，陈独秀并没有给这位校长面子，当时并未应允。此后，蔡元培几乎每天都早早来此拜访陈独秀，有时候来得太早，陈独秀尚未起床，蔡元培就独自静静在门外等候，一直到陈独秀起床。陈独秀本来就敬佩蔡元培学贯中西，又见到他如此诚恳平易，遂答应到北大任教。蔡元培亲自聘任陈独秀为北京大学文科学长。由于陈独秀和他的《新青年》的加盟，北京大学最终成为新文化运动和五四运动的发源地。

陈独秀

除了陈独秀，蔡元培聘请的国内著名学者还包括胡适、李大钊、钱玄同、刘半农、鲁迅、周作人、马叙伦、沈尹默、徐悲鸿、熊十力、马寅初、高一涵等人。而在理工科方面，蔡元培则聘请当时国内第一个介绍爱因斯坦相对论的物理学家夏元瑮担任理科学长，其他著名学者包括李四光、丁燮林、颜任光、何杰、翁文灏、王星拱、李书华等人。一时间，北大名师荟萃，星光闪耀。有研究者统计，仅在 1918 年初，北大全校共有教授 90 名，从其中 76 名的年龄来看，35 岁以下者 43 名，占 56.6%；50 岁以上者仅 6 名，占 7.9%。最年轻的教授徐宝璜只有 21 岁，胡适、刘半农也只有二十七八岁，陈独秀也才 38 岁。如此年轻而富有活力的教师，带着新思想猛烈地将此前陈腐僵化的旧学堂风气涤荡得一干二净。

蔡元培聘请名家只注重学识水平，绝不唯学历论。当时能进入北京大学的学者，要么享有盛名，要么拥有留洋经历。但是，对于来自民间的社会底层的人才，北京大学的大门同样对他们永远敞开。

1922 年，自学成才的民间音乐家刘天华来到北京大学音乐研究会，被蔡元培先生聘请为二胡、琵琶教授，此事在当时学界被传为美谈。同样，后来成为中国著名国学大师的梁漱溟，当时考取北京大学未果，后来，他在当时国内的《东方杂志》上发表了《究元决疑论》一文，其新颖独到的观念引起学界的关注，蔡元培也将其聘任为北京大学文科教授。

由于蔡元培网罗人才不拘一格，学者们的政治立场、思想观点、新旧态度相互分歧、涤荡，甚至激烈交锋。这里既有新思想最激进的陈独秀、李大钊等人，也有曾经拥护袁世凯复辟帝制的刘师培、顽固守旧的黄侃、反对共和的辜鸿铭以及尊孔教的梁漱溟等人，而这些人或著文，或开设讲座，或登台授课，各抒己见，各行其道，尽情宣扬自己的政治立场，甚至相互驳难，将蔡元培的"兼容并包，思想自由"的大学精神发挥到极致。

自京师大学堂创办以来就呈现一潭死水之态的北京大学，被蔡元培突然抛入了几块石头激起无数浪花。一时间，用来装门面、混日子的北京大学，成为整个民国高等教育聚焦点。各种先进的思想、教育方法、学科内容在北京大学遍地开花，一扫污浊卑劣、官僚封建的不良习气，各种不同的思想、流派激烈争辩交锋，师生之间坐而论道，平等自由。著名历史学家蔡尚思先生曾说："没有先生，北京大学便不会如此伟大；没有伟大的北京大学，中国教育文化不会有如今的可观。"[1]这个评价并不过分。

时至今日，关于当时学者之间自由争鸣、相互驳难的趣谈故事，说法不一，版本各异，但是，下面这样一个比较流行的版本，可以大致再现当时北京大学浓厚的学术自由空气。

在北大三院礼堂里，留美博士胡适正在用资产阶级观点讲授《中国哲学史》。与此同时，在北大二院礼堂里，则有旧学功底深厚的孔教派教员梁漱溟在讲孔孟之道。二人的课都排

[1]
蔡尚思：《蔡元培先生的各种特点》，见中国蔡元培研究会编：《蔡元培纪念集》，浙江教育出版社1998年版，第528页。

在星期六下午，各讲各的观点、体系，让学生自由选择。在文字学方面，旧国粹派的黄侃和新白话派的钱玄同，观点针锋相对，互不相让，大唱对台戏。有一次钱玄同在讲课，对面教室里黄侃也在讲课。黄侃大骂钱玄同的观点如何如何荒谬，不合古训；而钱玄同则毫不在乎这些，你讲你的"之乎者也"，我讲我的"的了吗呢"。

黄　侃

谈到北大的自由开放精神，还是要再一次谈到北大教授黄侃狂放的行为。这位被周作人称为"国学是数一数二的"，可是脾气乖僻到令人不能恭维的国学大师，生性狂放桀骜。他与陈汉章同为北大国学门教授，两人切磋学问过程中一言不合，竟然要以刀杖决斗。据说他在北京大学任教之时，常常在讲到紧要处时，就会突然停下来，对着学生说，这段古书后面隐藏着一个极大的秘密，对不起，仅靠北大这几百大洋的薪水，我还不能讲，谁想知道，就另外请我吃馆子。[1] 这样的魏晋风度在当时的中国，世人皆知也许只有北京大学才能容纳得下，殊不知恰恰因为他们的狂狷和才华，才真正演绎了北京大学自由

[1]
徐百柯：《民国风度》，
九州出版社 2011 年
版，第 213 页。

开放的精神境界。

　　这些国内著名的人物，之所以纷纷接受邀请去北京大学任教，并不是因为优厚的待遇和北京大学的招牌，因为当时的北京大学在人们心目中简直是臭不可闻。蔡元培"兼容并包、思想自由"的治学理念，让北京大学成为中国学术最自由的发源地，由此奠定了其今天在国内高校执牛耳的尊荣。而蔡元培在北京大学开创的这种风气，正如梁漱溟先生所言："蔡先生一生的成就不在学问，不在事功，而只在开出一种风气，酿成一大潮流，影响到全国，收果于后世。"

　　经过整治的北京大学，校风明显有了改观，当时亲历变化的罗家伦如此描述北京大学的新校风：

　　　　我们不但在宿舍里早晚都进行激烈的争论，也聚在其他两个地方进行这种辩论：一个是中文系教员休息室——你可以经常在那里找到钱玄同，另一处是图书馆员办公室（即李大钊办公室）。在这两个地方，教师和学生之间没有任何等级之分，无论谁都可以加入讨论。任何人都可以发表见解，同时也将面临批驳。这两个地方每天下午三点以后都站满了人……这两个地方有一种真正学术自由的气氛。每一个加入讨论的人都带着一种亢奋的情绪，以致常常忘了时间的存在。有时，有人会离开一个地方而去另一个地方参加讨论，并且边走边讨论……文学革命记忆对旧社会和旧思想的抨击即从这两个地方发生。[1]

　　北京大学成了"对旧社会和旧思想抨击"的发源地，这在

[1]
罗家伦：《蔡元培时代的北京大学与五四运动》，《传记文学》1978年第5期。

不久之后的五四新文化运动中就得到了验证。当人们为之欢呼雀跃之时，另一个不曾想到的后果也随之出现了。

1919 年，五四学潮在北京大学爆发，出于对学生正常学习以及社会秩序的考虑，身为北京大学校长的蔡元培力劝学生不要上街游行，声明他可以代学生向政府进行交涉。但是，学生群情激奋，已经无可阻挡。事后，数十名学生被捕。5 月 4 日晚上，蔡元培在北京大学三院礼堂大会上郑重声明：发生学潮一事，校长应该引咎辞职，但是，在他辞职之前，会负责把被捕的学生营救保释回来。7 日，在强大的社会舆论支持以及蔡元培等人的各方努力营救之下，被捕学生全部获释，学潮遂逐渐平息。第二天，北洋政府正式批准了蔡元培的辞职申请。

蔡元培的辞职在学生中引起巨大反响，学生认为北洋政府强迫蔡元培辞职，已经平息的学潮轰然又起。5 月 19 日，北京大学联合其他高校罢课请愿，国内其他高校随即闻风而动，全国范围内的学潮迅速蔓延。但是，蔡元培坚决推辞。在多方势力斡旋之下，留美博士蒋梦麟临时担任北京大学校长一职。

后人在解读这一段历史的时候，往往热衷于赞美北京大学追求自由民主的革命精神，其实事情远非如此简单。经历1917 年改造后的北京大学，正在从一个摧毁封建官僚养成所的西方近代化大学，滑向另一个不好的极端。此时的北京大学学生已经被狂热的学潮运动冲昏了头脑，他们在学潮运动中尝到了政府屈服的甜头，享受到打倒官僚统治的快感，对待政府和校内管理逐渐变得强硬起来，动辄以学潮要挟政府，对于学校的规定也日渐不满，最终连学校正常规定的讲义费也不愿意上交，一旦收费就闹学潮。校风从封建官僚衙门式的旧习气完全滑向了无法无天、无政府主义的另一个极端。校长蒋梦麟曾这样描述经过五四运动狂潮之后的北京大学学生："他们沉醉于权力，自私到极点。有人一提到'校规'，他们就会瞪起眼睛，噘起嘴巴，咬牙切齿，随时预备揍人。"[1]

[1]
蒋梦麟：《西潮·新潮》，岳麓书社 2000 年版，第132 页。

如果说身为校长的蒋梦麟必须站在领导者的角度和立场上看学生，对北京大学学生的描述有点夸大的话，那么，当时年仅 26 岁，后来成为中国著名国学大师的梁漱溟先生的话，则可以进一步证明蒋梦麟对学生的描述是事实。梁漱溟先生直言："我们没有法律、司法的意念……这是我们民族的弊病。"[2]乃至当时北京大学的一位老教授对蒋梦麟如此感叹：

[2]
[美] 舒衡哲著，[美]李绍明译：《张申府访谈录》，北京图书馆出版社2001 年版，第56 页。

> 这里闹风潮，那里闹风潮，到处闹风潮——昨天罢课，今天罢工，明天罢市，天天罢、罢、罢。校长先生，你预备怎么办？这情形究竟到哪一天才结束。有人说，新的精神已经诞生，但是我说，旧日安宁的精神倒真是死了！[3]

[3]
蒋梦麟：《西潮与新潮：蒋梦麟回忆录》，东方出版社 2006 年版，第162 页。

梁漱溟和北大教师们的话道出了北京大学此时的难言之痛。面对封建官僚养成所，北京大学最需要的是学生自觉的革命精神，学潮的爆炸力量可以彻底摧毁封建学堂的各种陋习，但是，面对已经初步进入资产阶级民主管理轨道的新式大学，最需要的则是让狂热的头脑冷静下来，恢复学校应有的秩序和理性。很不幸的是，砸碎了封建枷锁的大学生们正在疯狂地以自由之名摧毁为之奋斗获得的自由，因此，他们不得不再次陷入用沉醉于权力和自私打造出来的枷锁。

这当然不是缔造北京大学自由精神的蔡元培先生之错，而是梁漱溟先生所言的"我们民族的弊病"。既然是民族的弊病，就不可能仅仅发生在北京大学一所学校内，同样经历五四新思想涤荡之后的清华大学也面临着同样的问题。当时尚在清华大学读书的学生梁实秋，在后来如此描述了当时学生闹学潮的荒唐行为：

> 罢课次数太多，一快到暑假就要罢课。……罢课这个武器用的次数太多反而失去同情则确是事实。……人多势众的时候往往是不讲理的。学生会每逢到了五六月的时候，总要闹罢课的勾当，如果有人提出罢课的主张，不管理由是否充分，只要激昂慷慨一番，总会通过。罢课曾经赢得伟大胜利的手段，到后来成了惹人讨厌的荒唐行为。[1]

[1]
梁实秋：《清华八年》，见杨杨、陈引弛、傅杰选编：《二十世纪名人自述·文人自述》，杭州大学出版社 1998 年版，第 225—226 页。

如此混乱的局面，再一次把蔡元培逼迫回到了北京大学校长的位置上。1919 年 9 月，蔡元培重新回到北京大学。此时的北大学生已经成了随时都会爆炸的火药桶。1921 年，因为政府欠薪，教职工罢教，学生声援罢课。1922 年 10 月，学校规定收取学生讲义费，引发学生罢课，并包围总教务长蒋梦麟的办公室，强迫蒋梦麟取消此规定，最终经过蔡元培的斡旋，风波得以平息。

学潮风波平息了，却并不意味北京大学教育改革的进程结束了。事实上，由兼容并包、思想自由孕育出良好学风的北京大学，同样也被疯狂极端和躁动不安纠缠。作为蔡元培的得意门生，接替蔡元培担任北京大学校长的蒋梦麟先生，在《北大之精神》一文中说北京大学能够屡经风潮而巍然独存，乃是因为两大原因——大度包容、思想自由。但是，"我们有了这两种的特点，因此而产生两种缺点，能容则择宽而纪律弛；思想自由，则个性发达而群治弛。故此后本校当于相当范围以内，整饬纪律，发展群治，以补本校之不足"。

这正是1917年教育改革之后的北京大学面临的新问题，也是蔡元培之后北京大学数任校长在继承蔡元培开创的北大精神的同时，亟待解决的时代命题。此弊病不除，所谓的思想自由就只能是一种极端自私的无政府主义，所谓的北大精神也就无从谈起。

陈平原教授曾这样说："在历史学家笔下，蔡元培的意义被无限夸大，以至于无意中压抑了其他同样功不可没的校长。最明显的例子，莫过于蔡元培早年的学生蒋梦麟。"蔡元培先生的功劳是否被无限夸大，这个固然值得商榷，但是，接替蔡元培的蒋梦麟校长对于北京大学精神的发展功不可没，这一点是毋庸置疑的。在某种程度上，我们甚至可以这样说，经历了1917年重大改革之后的北京大学，从死气沉沉的官僚养成所，变成了一个随时都会被点燃的火药桶，其治理的难度并不是降低了，而是提高了，这就给接替者带来了新的麻烦，而正是一代又一代北京大学校长们的薪火相传，才最终成就了今天的北大精神。

马相伯

| 民国教育人物 |

马相伯：国之大老

在封建中国，寿则多辱。

在生命逝忽若浮的乱世，长寿也许并不是一件好事，生命愈是长久，遭受的屈辱往往越多。1840 年到 1939 年，这是一段长达百年的历史区间，也是中华民族饱受屈辱浩劫的苦难史。鸦片战争、甲午战争、八国联军入侵、日俄战争、日本侵华战争……想不出世界上有哪一个国家能够在一百年的时间里遭受如此密集的战争蹂躏，也想不出又有哪一个民族能够甘心签订丧权辱国的《南京条约》、《天津条约》、《马关条约》、《辛丑条约》……

太多的灾祸困难只会令人麻木心碎，无法知晓一个生活在风雨如磐暗夜里的世纪老人，在亲历太多的国难之后，是否还能够在人生的古稀之年有一丝的悸动不安？但是，对于真正的思想者，如此漫长的人生困难恰是考问其对国家、民族、社会历史担当的试金石。接下来要谈到的这个人物，是一个在历史百年长夜中闪出光亮，照亮了整个时代，温暖了几代人的思想启蒙者。

　　马相伯，耶稣会神学博士，教育家，复旦大学创始人。生逢鸦片战争爆发的1840年，逝于抗日战争全面展开后的1939年，在世整整一个世纪，其亲眼目睹、亲耳聆听、亲身体会人生沧桑之波折、社会巨变之迅疾、民族罹祸之痛苦、国家败落之愤懑，令人唏嘘扼腕。然而，他以"老骥伏枥，志在千里"的伟大情怀，为民国高等教育书写了一段前无古人，也许亦是后无来者的世纪传奇。

　　1912年，民国成立之时，马相伯已经是一位70多岁的老人。这位在晚清帝制下生活了几乎是许多人整整一生的老人，此时迎来了人生教育事业的高峰。

　　马相伯的强国教育理念的生成，缘于乱世的特殊社会背景。1840年4月18日，马相伯出生在江苏丹徒，5岁入私塾接受儒家经典教育，深厚的儒家传统文化对其影响甚深。由于家庭成员信奉天主教，马相伯又对宗教产生了浓厚的兴趣。整个青年时代，马相伯深受晚清旧学与西洋宗教神学的双重影响，前者为其从事教育事业打下了坚实的经学基础，后者则给了他悲天悯人的宗教情怀。当亲眼目睹了软弱的清政府屡遭西方列强欺凌的不堪情状，亲历了弱国无外交的尴尬卑屈之后，他逐步产生了"教育强国"的思想。在他看来，"自强之道，以教育人才为本；求才之道，尤宜以设立学堂为先。教育乃立国之根本，国与国民，所以成立，所以存在，而不可一日或无者。非如革命仅一时之事，而不可一日或多"。

　　但是，当时他的教育强国思想在昏庸的清政府执政者面前，不过是一个老年人的梦呓罢了。政府的腐败更加坚定了马相伯以教育救国的决心。他毅然把祖上遗留的松江、青浦3000亩田地，以及全家积蓄下来的房产变卖，一共筹集到了50万元，作为创办"中西大学堂"的基金，立下"捐献家产兴学字据"。后来，他以此基金为基础，创办了震旦学院。

　　现实生活是如此的悲苦，社会现状是如此的无可救药，生命宛如朝露，人生命运不可捉摸，还有谁愿意倾家荡产去做教育强国的梦？生活于乱世之中的马相伯，对于这次毁家兴学的记忆是刻骨铭心的。这可以通过他在1937年，也就是在他的生命即将走到终点之时，还深情地撰文回忆这次在世人看来癫狂的行为，窥见其内心对教育强国之梦的执着与忠诚：

> 慨自清廷外交失败，国人不知公法，又不知制造，故
> 创设震旦以救之。……以故曾将家产三千亩捐为震旦基本，
> 又于建筑时曾捐现洋四万元。时地基价一亩约四百元。又
> 英法两租界地八处，当时价值十余万。[1]

[1]
黄国伟：《马相伯毁家
兴学》，《民国春秋》
1998 年第 1 期。

这就是著名的震旦学院的由来。"震旦"本是梵文里对古代中国的称呼，含有"东方旦明"之意。马相伯取此校名实为以教育拯救中华之寓意，这对于当时已经进入花甲之年的马相伯而言，可谓是用心良苦。办学之初，他宣布了三个办学信条：一、崇尚科学；二、注重文艺；三、不谈教理的教学方针，这不管是对当时晚清旧学遗风浓厚的学堂，还是对宗教神学色彩强烈的教会学校来说，都是新鲜而进步的。当时远在日本的梁启超听闻马相伯创办震旦学院，乃至狂喜惊叹曰："吾今乃始见我国得一完备有条理之私立学校，吾喜欲狂。"出自震旦学院，后来成为国民党元老的于右任则说：

> 我国之有新式学校，业已三四十年，其含有国家民族
> 之意识，致力于近代科学，而不受殖民地教育思想束缚者，
> 实以震旦开其新纪元。[2]

[2]
于右任：《为国家民族
祝马先生寿》，《中央日
报》，1937 年 5 月 16 日。

震旦学院在民国教育历史上的显赫地位，始终与强烈的政治爱国热情血脉相连。这一点，由震旦学院培养的学生很多成为民国时期叱咤风云的大人物便可以说明，于右任、邵力子、

胡敦复、贝寿同、项微尘、马君武等均为该校学生。

震旦学院崇尚科学的教学方针，严重触怒了教会，为此很快被扼杀。这对马相伯本人而言，无疑是一场理想和经济上的双重浩劫。教育强国的理想被现实击毁粉碎，经济上倾其所有之后竟沦落至全家生计都成了问题。但是，这次失败并没有动摇马相伯对教育强国理想的追求。震旦学院解散了，但是，另一个脱胎于此母体之上的更伟大的生命诞生了。

1905 年，马相伯在吴淞提督行辕旧址上创办了"复旦公学"。马相伯取"复旦公学"之名寄寓了极其复杂的情感：一方面，复旦公学的创办是为了纪念被扼杀不久的震旦学院，以此寄寓脱胎震旦学院再续教育强国的理想——复旦者，恢复震旦学院之意也；另一方面，"复旦"一语本出自《尚书大传·虞夏传》里的《卿云歌》，其原文是"日月光华，旦复旦兮"，意思是日月光华照耀，辉煌而又辉煌。马相伯以此命名仍是寄予"恢复我震旦，复兴我中华"之双重寓意。

复旦公学最初并不是大学，而是类似于官办高等学堂。马相伯创办复旦公学吸取了震旦学院依附于教会而失去教育独立精神的教训，试图通过社会捐资摆脱教会影响。为此，《复旦公学章程》开宗明义地承认"本公学由各省官绅倡捐"。但是，此后由于办学经费紧张，官府捐助的支持力度逐渐占据上风，这可以从学校捐助者与政界的关系上看出。民国之初，复旦在上海的复校得到了民国政府的大力资助，1913 年，复旦董事会名单上出现了孙中山、陈英士、于右任、王宠惠等民国政界名流的大名。复旦大学终于在民国初年完成了从社会捐助独立办学到政府国立大学的转变，虽然这违背了马相伯的纯粹社会捐助独立办学的初衷，但是，复旦大学能够在乱世之中一息尚存，政府的资助无疑居功至伟。而且，复旦大学并没有因为民国政界的介入，就完全成为政府的附庸，从而丧失马相伯始终坚持的革命独立自主的大学精神。相反，马相伯早期办学倡导的独立自由精神，奠定了民国时期复旦大学革命自由独立精神的最终形成。

复旦公学成立之初，鉴于在教育界崇高的威望，马相伯被推荐为复旦公学第一任校长。在马相伯的主持下，学校聘请了一大批国内著名学者前来任教，严复、袁希涛、熊季廉等等著名专家云集复旦公学。在教学理念上，马相伯倡导思想自由，学术独立，反对学生拘泥于古训戒律，引导学生追求自由独立的精神。他明确提出"囊括大典、网罗众学、兼容并收"的办学方针，专门开办了各种研究会和演讲会，规定每个星期都召开演讲会，拟定学术讨论的题目，然后让学生各抒己见、辩论演讲，学生的学习热情被大大激发，学术自由精神亦因而渐长。

　　为了改变当时国内旧制学堂僵化专制而缺少独立自由精神的现状，马相伯创造性地在复旦公学首创了"学生自治"的管理办法，即除了他自己担任校长职务以外，其他各种事情均由学生自己管理自己，全校除了校长和一个总干事、会计为固定职务外，其他所有管理人员均由学生自己民主选举，轮流担任。学生管理的内容小到食堂、后勤，大到学校行政管理，整个复旦公学成为学生自治的世界。学生积极参政的热情被彻底释放，民主意识随之爆发，由此奠定了复旦大学成为"革命之学校"的基础。这当然得益于马相伯的民主独立办学理念。马相伯曾言："须知民国之民，其自身贵自治，贵自立，贵自由。惟自治而后能自立，惟自立而后能享用七大自由权。"

　　事实证明，马相伯在复旦公学实验的教育强国方针是成功的。复旦公学以原来震旦学院的学生为主体，又在社会上招收部分人员，从复旦公学创办到民国元年，复旦公学一共培养了 4 届高等正科毕业生，共 57 人，招生人数规模虽小，但有成就者众多。其中，成为民国时期著名政治家、教育家、科学家的人员就有于右任、邵力子、胡敦复、张大椿、曹惠群、李谦若、李兆濂、陈寅恪、竺可桢等。如此成就，堪与孔子弟子三千而贤者七十二人相媲美。

　　1912 年，复旦公学的吴淞校址被光复军司令部占用，学生星散。眼见自己亲手创办的学校面临解散，马相伯为此积极奔走。在于右任、蔡元培等人的积极帮助下，民国临时大总统孙中山专门批复复旦公学复校，并划拨专款，选定上海徐家汇李鸿章祠堂作为复旦校舍，复校工作顺利完成，从而奠定了今日复旦大学的基础。1917 年，复旦公学正式升为复旦大学。从震旦学院到复旦公学，再到复旦大学，马相伯几乎以一己之力双手托起民国时期国内这所最著名的大学，使其免遭覆灭之灾，而其早期培养孕育的复旦学生自由独立之精神，也从坚厚冰冷的封建专制土壤下破土而出，在民国的黑夜中恰如日月光华。作为民国初年国内最具革命独立精神的大学，"学术独立，思想自由"成为复旦办学的一大特征。后来的复旦大学校歌还出现了"学术独立，思想自由，政罗教网无羁绊"的词句，可见马相伯这一教学理念对复旦大学的影响之深。1919 年，五四运动风起云涌，复旦大学师生闻风而动，积极响应北京大学的革命行动，正是马相伯倡导独立自由大学精神的必然结果。

1912 年，马相伯被袁世凯总统府聘为高等顾问，一度代理北京大学校长，他在就职演说中发表著名的大学者"非校舍之大之谓，非学生年龄之大之谓，亦非教员薪水之大之谓，系道德高尚，学问渊深之谓也"[1]的观点。当时的北京大学校风乌烟瘴气，封建学堂习气浓厚，马相伯把复旦大学自由革命精神移植到北京大学，为北京大学注入了一股新鲜的血液。

1917 年，即复旦公学升为复旦大学的那年，蔡元培入主北京大学，倡导"兼容并包、思想自由"的教育方针，使北京大学迅速成为民国时期最具有自由精神的大学。但是往往被后人忽略的是，马相伯的复旦大学早已经实践了这种独立精神许多年了。作为蔡元培的老师，马相伯不仅通过创办复旦大学实践着这一民国时代最崇高的大学精神，而且，还通过自己言传身教影响着学生蔡元培，使之成为北大精神的滥觞，影响了北京大学。

[1]
马相伯：《代理大学校长就任之演说》，见王学珍、郭建荣主编：《北京大学史料》（第二卷下册），北京大学出版社 2000 年版，第 236 页。

从夭折的震旦学院，到命运多舛的复旦大学；从教育强国的美梦破碎，到学术独立、思想自由的革命精神的风行，一位 70 多岁的老人，用自己的爱国热情与混乱的时局展开了一场铁血角逐，其苍凉的背影也因此成为民国早期动荡历史风云之中最令人难忘的记忆。

政治，在光鲜的荣耀地位背后，往往充斥着血腥卑劣、阴险罪恶。在成者为王败者为寇的历史轮回交替变革中，政治教育也被赋予了极不光彩的角色，要么是寡廉鲜耻的歌功颂德，要么是疯癫狂热的无私奉献。试想：经历如此折腾、浸染和蹂躏，又有多少鲜活的生命个体能够保持高洁的人性？马相伯在民国时期开启的政治教育，向我们诠释了真正的政治教育内涵，在政治理想与教育事业的双重追求中，奇妙地演奏出和谐的旋律，在一定意义上，我们可以将之称为成功的政治教育。

1912 年，孙中山就任民国临时大总统。已经 73 岁高龄的马相伯被孙中山钦点为南京市长，后又代理江苏都督兼内务司长，时人皆尊其为"国之大老"。1914 年，他历任政治会议、约法会议议员，参政院参政，平政院平政等职。特殊的政治身份和执着的教育事业追求，给了这位老人展示双重演奏政治教育交响曲绝技的机会。

一直到今天，人们对马相伯政治教育的神奇功效仍然津津乐道，最典型的一个例子是其在民国初年的一次震慑邀功争赏军人的演讲，这个故事算得上是马相伯政治教育理念"感性显现"的最佳范本。大致的情况是，一大批军人为了个人私利，对上司颇为不满。军人们相互争吵，甚至剑拔弩张，气氛极其紧张。为了缓和气氛，说服这批军人，马相伯被邀请来演讲。马相伯给这批谁也不服谁的军人讲了这样一个故事：

　　一个老妈子看护小主人，日夜辛苦，须得报酬；但是皇太后抚养皇帝，皇后抚育太子，虽然她们是在抚养一国的君主，功劳比老妈子看护小主人要大得不可比较，然而皇太后、皇后却不曾要报酬、要工钱。诸位！你们都是我们中华民国的皇太后、皇后，而不是我们中华民国雇来的老妈子！你们的功劳辛苦虽大，却都是分所当然。[1]

马相伯的一席话，让这批军人彻底没了脾气。其演讲看似恭维，其实讽刺；看似纯粹的口才演说，其实蕴涵着马相伯在民国时代一以贯之的政治教育理念——教育的目的是为了强国，强国首先要求每个受教育者爱国。他以政治家的身份宣扬教育爱国的理念，神奇地把爱国教育与政治宣传嫁接到一起，这种魄力和才华，绝不是一般政治家和教育家所能够具备的。教育独立往往意味着不做政治的附庸，但是，教育绝不排斥崇高的政治理想，相反，教育应该把政治理想追求作为解决危难时局的教育理念加以实践。马相伯在政治宣传中融入爱国教育的同时，还在教育中融入政治理想追求。

如果不是生在乱世，百年的寿命足以给任何一个生命个体太多安逸享受生活的机会和空间，但是，命运总喜欢捉弄人。马相伯生于战乱，逝于战乱，其间王朝更迭、政党纷争，他见证了晚清和民国时代积贫积弱的中华民族饱受屈辱的历史，看到了太多不愿意看见的民族灾难，对于一个具有强烈爱国热情的教育家而言，如此漫长的人生旅程无疑是一种精神上的煎熬，其内心之惶恐痛苦绝非同样长寿却贪图儿女天伦之乐的乡野村夫可比。在他百岁大寿之际，曾如此痛心地对前来探望的胡适说："我是一只狗，只会叫，叫了一百年，还没有把中国叫醒。"其忧虑国家前途之迫切，足以痛彻骨髓。

[1]
马相伯：《一日一谈》，见朱维铮主编：《马相伯集》，复旦大学出版社1996年版，第489页。

如果把一百年的时间丢弃在历史长河中，不过如一粒石子在水面泛起淡淡的涟漪。然而，对于这样一位生于忧患、死于忧患的老人而言，百年的生命专注于唤醒沉睡的国民却未能如愿，其沉痛郁愤之情何以堪？斯人已逝，在远去的民国历史逝波中寻觅马相伯先生政治教育的精髓，当为今天教育者对其未竟遗愿的回应。

【四】
1919 年：新文化运动与教育改革

1915 年 9 月 15 日，上海，一份名叫《青年杂志》的刊物带着浓浓的油墨味正式发行，刊物的主编是一个署名陈独秀的人。陈独秀（1879—1942），字仲甫，安徽怀宁人，1879 年 10 月出生于皖南怀宁一个富裕的绅士家庭，早年曾经留学日本。这个当时在上海滩毫无名气的主编，在《青年杂志》创刊号上发表了《敬告青年》一文，激励青年崇尚自由、进步、科学，要有世界眼光、科学进取，能够成为观念更新和自身觉悟的新一代青年。

此时的上海已经成为现代大众出版的中心，各种轻松消遣的娱乐和严肃科学的学术刊物充斥这座繁华的远东大都市，前者有风靡上海滩的《滑稽时报》、《莺花杂志》、《笑林杂志》等著名月刊，后者则有鼎鼎大名的《大中华》、《国学》等。《青年杂志》置身于竞争如此激烈的环境之中，其前景不仅难以被出版界看好，就连创办者陈独秀自己也不敢奢望一举成名。在创办该杂志之前，陈独秀最乐观的想法是"只要十年八年的功夫"，这个杂志一定会发生很大的影响。

历史没有让充满战斗爱国热情的陈独秀用"十年八年的功夫"，仅仅两年的时间，《新青年》就在上海滩闯下了一片天地，成为上海出版界中最富有革命精神的刊物，尤其凝聚了当时国内青年知识分子的注意力。陈独秀也从一个默默无闻的知识青年，成为当时国内最著名的公共知识分子。这样的成就和影响力，自梁启超和他的《新民丛报》以来，还没有其他人、其他杂志能做到这一点。

这份刊物最初命名为《青年杂志》，因为把救国的希望完全寄托在充满热情朝气的青年一代身上。但是，经历数千年封建专制禁锢，青年身上沾染的旧社会习气让其暮气沉沉、老气横秋。挽救国家的希望不仅是青年，还应该是不同于旧社会阵营中的青年。巧合的是，当时的上海基督教青年会创办了《上海青年》周报，为了避免重复，《青年杂志》从 1916 年 9 月 1 日出版的第二卷第一号起正式改名为《新青年》。是年，陈独秀发表了《今日之教育方针》一文，严厉批评中国教育现状，热烈介绍西洋先进教育观念，成为新文化运动中教育改革的重要引导。

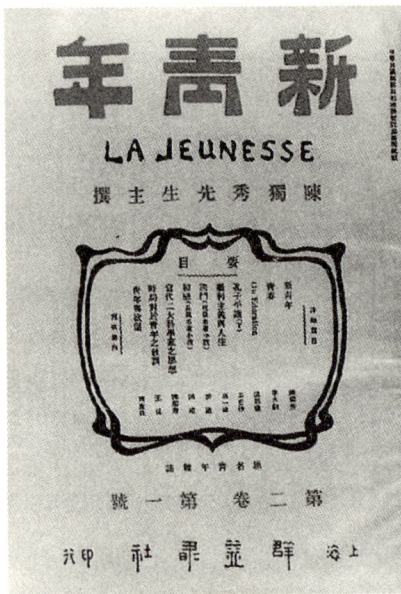

《新青年》杂志

1917 年 1 月，陈独秀在北京大学校长蔡元培的极力邀请之下，担任北京大学文科学长。对于蔡元培的北大任教邀请，此前陈独秀曾态度坚决地表示拒绝，因为他不愿意离开已经如日中天的《新青年》。即使《新青年》随他从上海搬迁至北京，陈独秀也担心这次搬迁将会严重影响《新青年》的发行，但是，他的这种担心和顾虑显然是多余的。

此时的北京大学在蔡元培的引领下，正发展成为国内最富有革命激情的大本营。大批思想开放的青年学生和具有批判精神的先进知识分子，首先成了《新青年》的读者，鲁迅、周作人、胡适、刘半农、钱玄同等人，都加入到《新青年》杂志的编写和创作队伍中，使得《新青年》销路一路飙升，发行量从 1000 份迅速扩大到 16000 份。北迁之后的《新青年》不仅一如既往地延续了创办时候的革命宗旨，而且批判的精神更加激烈，正如陈独秀号召的"我们青年要立志出了研究室就入监狱，出了监狱就入研究室"。《新青年》六卷一号上，发表了陈独秀执笔的《新青年罪案之答辩书》，坚定地表示：若因为拥护科学和民主，一切政府的压迫，社会上的攻击笑骂，就是断头流血，都不推辞。带着这样的革命激情，裹挟着思想自由的洪流，《新青年》迅速成为新文化运动的发源地。

新文化运动在当时如同一股洪水猛兽冲击着社会的各个领域，教育改革成为其中的一个关键内容。以《新青年》杂志为大本营，教育改革思潮随之风起云涌。其中，倡导白话文、呼唤平民文学成为新文化运动的一大旗帜，在当时获得了普遍的掌声和赞誉。在这场以白话文破除旧教育从而走向平民主义的教育运动中，与其说《新青年》是一大阵地，不如说其是一所学校，一所容纳当时先进知识分子教育改革实验或教育梦想编织的社会学校。胡适、周作人等人成为这场运动的重要人物。

1916 年，胡适发表了著名的《文学改良刍议》。此后，陈独秀亲自操刀上阵，发表了《文学革命论》，号召白话文改革，向文言文教育宣战。但是，坚持文言文教育的守旧派们对此无动于衷。为了彻底摧毁文言文教育体制，钱玄同化名王敬轩对白话文革命的主张猛烈批评，然后，刘半农发表《复王敬轩书》一文对前文加以反驳，以此引起当时社会的普遍关注。此时旧派人物林纾等人按捺不住，纷纷上阵发表文章为古文辩护，以《新青年》为中心的众多报纸上，新旧文化之争论日趋高潮。

对此，我们可以从当时北京大学旧派学者对白话文的贬低和攻击上，看出白话文教育革命的激烈。例如林损先生，在其唐诗课上，上课前总要喝半瓶葡萄

酒，脸红红地走上讲台，常常由骂胡适之的新式标点开场，总
是半堂课过去了还回不到唐诗中。当时北京大学最著名的狂人
黄侃，在课堂上猛烈攻击白话文。据亲自听过黄侃先生功课的
杨亮功回忆：

> 他抨击白话文不遗余力，每次上课必定对白话文痛骂
> 一番，然后才开始讲课。五十分钟上课时间，大约有三十
> 分钟要用在骂白话文上面。他骂的对象为胡适之、沈尹默、
> 钱玄同几位先生。[1]

[1]
杨亮功：《早期三十年
的教学生活》，传记文
学出版社 1980 年版，
第 20 页。

白话文运动既是一次思想解放潮流，也是一次教育模式革
新。作为传统语言教育的基本工具，文言文在中国教育历史上
扮演着不可替代的角色。然而，较之通俗浅显的白话文，文言
文无疑显得过于晦涩拗口。白话文改革的呼声实际上意味着向
文言文教育的宣战。从《新青年》改用白话文出版，到国内无
数报纸杂志改用新式语言，教育领域的白话文革命成为当时学
界关注的焦点。

经历新文化运动对白话文的强烈呼唤，教育领域的语言改
革在 1920 年获得了重大进展。1919 年，全国教育会联合会提
出了改中小学国文科为国语科，教育部明令公布了全国各小学
校一、二年级国文改用语体文教学，并且规定，到 1922 年之
前，凡是旧时所编写的文言文教科书一律废止，全部改为语体
文；中学各科教科书，也逐渐向语体文改变；大学的讲义，逐
步采取语体文。新文化运动终于在国语教育和白话文教学上，
获得了硕果。

1918 年 5 月 15 日，《新青年》杂志第四卷第五号上，刊登了署名鲁迅的《狂人日记》。这是我国文学史上第一部白话小说，以一个封建社会叛逆者"狂人"的精神活动为对象，揭露中国几千年来吃人的本质，控诉了封建孔孟教育思想奴化人民的"吃人"本质。此文一出，教育界、文学界一片哗然，鲁迅的文章如同《皇帝新装》里的那个孩童，第一次撕开人们内心想说而不敢说的事实真相，宣告了"立人"教育对于当下中国的迫切意义：

> 不能想了。
>
> 四千年来时时吃人的地方，今天才明白，我也在其中混了多年；大哥正管着家务，妹子恰恰死了，他未必不和在饭菜里，暗暗给我们吃。
>
> 我未必无意之中，不吃了我妹子的几片肉，现在也轮到我自己，……
>
> 有了四千年吃人履历的我，当初虽然不知道，现在明白，难见真的人！[1]

[1]
鲁迅：《阿 Q 正传——鲁迅小说集》，中国文联出版公司 1995 年版，第 59 页。

历史往往充满着荒谬，鲁迅本来以义无反顾的心态放弃医学，选取文学作为终身事业。但是，他在清末民初教育领域的建树更似一位医生，用一把深入思想灵魂深处的手术刀，切除国民的劣根性。他的一切关于儿童教育、青年教育、妇女教育的主张，都在坚持"立人"的宗旨，使之具有"人"的价值和尊严。

《狂人日记》中的狂人形象

　　一个群氓涌动的时代固然可悲，但更可怕的是，当一个领袖呐喊着奴隶们砸断镣铐奔向自由王国，却没有出现应者云集的场景。这种死寂的冷漠与顽固，就如一道永远不可攻破的铁幕，纠缠着鲁迅和他的"立人"教育实践活动。如果说在民国初年的中国，有哪一个教育家对中国人性的现状揭示最为深刻、最为精确，哪种教育观念最符合中国现实，应是鲁迅和他的"立人"教育。这从他在《新青年》发表的《狂人日记》中的愤怒呼号可以看出：

　　　　没有吃过人的孩子，或者还有？

　　　　救救孩子……

这是鲁迅《狂人日记》小说的结尾。1918 年的中国，"黑漆漆的，不知是日是夜"，城市的上空黑云压城城欲摧，乡村里的人们熟睡不醒，远处的狗吠声不时地从黑魆魆中荡来不安和惶恐，夜行人的眼中闪着蓝幽幽的光，亲人的眼中也飘忽着易子相食的冷光。社会动荡、战乱四起、盗匪横行，烂透了的社会令鲁迅绝望，更让他愤恨。知识分子的道德良知和社会责任感，让鲁迅无法平息内心躁动不安的情绪，他无法像某些"有闲"的知识分子那样，躲在书斋里品茗闲聊，打发慵懒的时光。他坐在教育部的办公室里，虽然"枯坐终日，极无聊赖"，但是，文学教育却让他心中激荡不安、热血沸腾。他要用文学实现教育国民的重任，用文学来救赎愚昧麻木的国民，用文学挽救被摧残的中国儿童，由此在民国时代儿童教育世界里，开创了最刻骨铭心的一个向度。

民国初期的孩子，究竟面临怎样的教育环境？ 1918 年 8 月 29 日，鲁迅撰文深刻揭露民国初期国内儿童教育的不堪景象：

> 中国的孩子，只要生，不管他好不好，只要多，不管他才不才。生他的人，不负教他的责任。虽然"人口众多"这一句话，很可以闭了眼睛自负，然而这许多人口，便只在尘土中辗转，小的时候，不把他当人，大了以后，也做不了人。[1]

[1] 鲁迅：《随感录二十五·热风》，《新青年》第五卷第三号，1918年9月15日。

但是，我们却不能说中国的儿童缺少教育，恰恰相反，中国的儿童教育有着几千年的文化传承，并且，各种各样的儿童教育方法一直被奉为圭臬或范式，也正是这种教育残害、扼杀了活泼的儿童天性。现在，鲁迅以教育专家的姿态，批评中国家庭儿童教育的弊端和缺陷：

> 中国中流的家庭，教孩子大抵只有两种法。其一，是任其跋扈，一点也不管，骂人固可，打人亦无不可，在门内或门前是暴主，是霸王，但到外面，便如失了网的蜘蛛一般，立刻毫无能力。其二，是终日给以冷遇或呵斥，甚而至于打扑，使他畏葸退缩，仿佛一个奴才，一个傀儡，然而父母却美其名曰："听话"，自以为是教育的成功，待到放他到外面来，则如暂出樊笼的小禽，他决不会飞鸣，也不会跳跃。[1]

E. 希尔斯说："教育是传统从一代人到另一代人的媒介，是一个移植传统的过程。"[2] 民国教育不仅传承了历史上民众习以为常的宠爱教育和打骂教育，还有禁锢教育、教唆教育等等方法。要么把儿童禁锢起来，以为可以与社会隔离，不受影响，要么教给他恶本领，以为如此才能在社会中生活，结果往往事与愿违。无数家庭为社会输送大批"带着横暴冥顽的气味，甚而至于流氓模样的，过度的恶作剧的顽童"，或者"钩头耸背，低眉顺眼，一副死板板的脸相的所谓好孩子"。

在中国，孩子一直被认为未来的希望，对于家庭而言，其要承担家族振兴、光宗耀祖之重任；对于国家而言，则要肩负中华崛起、民族复兴之使命。正如鲁迅所说，看十来岁的孩子，便可以逆料 20 年后中国的情形。"立国"的希望在于"立人"，而"立人"的希望则在于孩童。孩子的天性是纯真无邪

[1]
鲁迅:《上海的儿童》，见《鲁迅全集》第 4 卷，人民文学出版社 1981 年版，第 569 页。

[2]
[美]E.希尔斯著，傅铿、吕乐译:《论传统》，上海人民出版社 1991 年版，第 327 页。

的，追求快乐、喜好活动，都是孩子天性使然。鲁迅眼中的孩子是可以敬服的，他常常想到星月以上的境界，想到地面下的情形，想到花卉的用处，想到昆虫的言语；他想飞上天空，他想潜入蚁穴。

理想和现实之间总是存在如此深刻的隔膜。在中国封建教育制度下，孩子的天性不仅消失殆尽，而且增添了恶俗暴戾之气。可是，我们能够心安理得地将所有责任都推给现实社会吗？"人之初，性本善，性相近，习相远"，中国数千年来的教育历史证明，后天教育的作用远比先天客观环境对孩子的影响更为深刻。正如鲁迅所说，施以狮虎式的教育，他们就能用爪牙；施以牛羊式的教育，他们到万分危急还会用一对可怜的角。遗憾的是，我们对孩子并没有施用这种教育，而是施用了一种奴化教育：

> 我们所施的是什么式的教育呢，连小小的角也不能有，则大难临头，惟有兔子似的逃跑而已。自然，就是逃也不见得安稳。[1]

[1] 鲁迅：《论"赴难"和"逃难"》，见《鲁迅全集》第4卷，人民文学出版社1981年版，第474页。

在这种教育观念下，举国的孩童难逃"奴性意识"和"奴性人格"的深渊。解放孩子的教育桎梏，还原孩子快乐活泼的天性，成为鲁迅在民国初期儿童教育理念的基本内容。他在这一时期发表的《故乡》、《社戏》等作品中，塑造了许多可爱的乡村孩童的形象。闰土、双喜等孩子虽然贫穷，但却拥有纯朴善良的美德，他们看起来是文学作品塑造的形象，其实是对现实中国儿童教育困境的真实折射。

　　这并非是文学家的想象，也绝非纸上谈兵。鲁迅对中国儿童教育的关注，在很大程度上源于自己曾经亲身经历私塾教育的僵化和戕害。因为私塾的先生，一向就不许孩子愤怒、悲哀，也不许高兴，完全把孩子当作木偶一样地灌输伦理知识。为此，他要把自己经历的教育之痛，加以总结和批判。他不容许这样的教育摧残自己的下一代，也不能容忍这样的悲剧发生在其他的孩子身上。对此，我们不妨听听他的夫人许广平对他关注儿童教育原因的解释：

　　　　他自己生长于大家庭中，一切戕贼儿童天真的待遇，受得最深，记得最真，绝对不肯让第二代的孩子再尝到他所受的一切。[1]

[1]
马蹄疾：《许广平忆鲁迅》，广东人民出版社1979 年版，第464—465 页。

　　鲁迅的《狂人日记》在《新青年》刚发表，立刻引发社会的普遍关注。陈独秀专门去信鲁迅，说"豫才兄做的小说，我实在五体投地的佩服"。这篇饱含鲁迅儿童教育改革思想的檄文，成为新文化运动中教育改革的标志。

　　1919 年 10 月，鲁迅完成了著名的教育论文《我们现在怎样做父亲》。这篇看似文学作品的论文，直面民国儿童教育的惨状和阴暗，深刻而系统地阐释了他"以幼者为本位"的解放儿童的教育观：

[2]
鲁迅：《我们现在怎样做父亲》，人民文学出版社 1981 年版，见《鲁迅全集》第 1 卷，第 140 页。

　　　　没有法，便只能先从觉醒的人开手，各自解放了自己的孩子。自己背着因袭重担，肩住了黑暗的闸门，放他们到宽阔光明的地方去；此后幸福的度日，合理的做人。[2]

历史的洪流可以轻易扫荡一切社会制度腐朽和败落，但是，在人类思想的痼疾面前，哪怕是几千年的历史光景，也许都会显得无足轻重。在儿童教育问题上，便是如此。即使是鲁迅，他以启蒙思想家姿态，教育民国初期的儿童树立真正的"做人"的意识，却也不得不感叹中国儿童教育痼疾难除，一度怀疑自己的儿童教育启蒙不过是"做醉虾的帮手"。[1]

法国思想家蒙田说："摆在人类知识面前的最困难、最重要的问题似乎就是正确地抚养和教育儿童。"[2]

关于中国民族的儿童教育问题，可以谈论的话题实在太多，然而，在当时"黑漆漆不知是日是夜"的时代，鲁迅说得已经足够多、足够深刻了。百年过去了，当我们回忆鲁迅先生启蒙民族"立人"的教育，尤其是启蒙儿童成为真正的人的主张，固然能够唤起我们心底无限的历史感动，但我们也往往会忽略现实社会中的"立人"教育和儿童启蒙教育，是否已经彻底实现了鲁迅先生的理想。

今天，已经远离鲁迅儿童教育的时代一个世纪，儿童们既不可能受到封建伦理的戕害，也不会发生"吃人"的教育悲剧。但是，家庭儿童教育是否真正完全摆脱了鲁迅批判的那种扼杀天性、以长者为本位的桎梏呢？被溺爱而失去狮子勇气的"小皇帝"，被棍棒打得没了脾气的"好孩子"，在社会上比比皆是，这究竟是现代家庭教育的失败，还是鲁迅儿童教育未竟之事业？我们的家长是否可以毫无愧疚地说，我们对孩子的教育就是让他们"幸福的度日，合理的做人"？

1912 年到 1913 年的壬子癸丑学制，对女子教育的改革已

[1]
鲁迅：《答有恒先生》，见《鲁迅全集》，人民文学出版社1981年版，第474页。

[2]
[法] 蒙田：《论儿童教育》，见蒙田著，辛见、沉晖译：《我知道什么呢——蒙田随笔集》，上海三联书店1988年版，第81页。

经露出端倪，特别是初等小学生可以男女同校的规定，算是对封建社会男权社会剥夺女子教育权利的严厉打击。此后，各种女子中学、女子师范学校的涌现，为民国初年女子教育改革抹上了厚重的一笔。但是，在当时封建教育的僵化体制根深蒂固的背景下，女子教育改革迈出的步伐多少显得过于谨小慎微，乃至以打破封建教育旧体制著名的壬子癸丑学制本身，在女子教育的规定上都显示了尚未能完全隔断封建观念影响的胎记。例如，当时学制就规定了女子免试体操，另外数学、物理等科目的学时数，女生也少于男生。这样的规定本身就意味着对女性智力低于男性的歧视，即使我们不认为民国之初的教育家们在主观上有意识地歧视女性，因为这与当时女性教育的经验匮乏等客观因素相关，可是，我们却无法否认新文化运动之前的中国女性教育领域，还是显得过于荒凉而寂寥。

1914 年，汤化龙抛出著名的女子教育在于使其将来"足为良妻贤母，可以维持家庭而已"的观念，成为女子教育的逆流；1915 年，袁世凯颁布了《国民学校令》，只允许小学一、二年级男女同学合班上课，三年级以上男女学生，只能同校，不可同级。1917 年，当时全国教育会联合会的年会，向教育部提出了推广女子教育的议案，此议案在第二年得到落实。直至 1919 年之前，全国仅有中学 400 多所，而公私立女子中学仅仅占据 10 所，女子教育改革已经势在必行。新文化运动的干将刘半农、胡适等人，再一次承担起了为中国女子教育争取权利的历史使命。

胡适在新文化运动之前就开始关注中国女子到学堂接受教育的问题，在上海中国公学读书时，年轻的胡适就撰文公然批评女子不能进入学堂接受教育的陈规鄙俗，他大声疾呼要改良家庭教育，"第一步便是广开女学堂"，道理很简单，只有母亲受到了良好的教育，才能培养出教育好孩子的"好母亲"。新文化运动展开之后，胡适更是极力宣传女子学堂教育的推广和重要性，为推动国内女子教育平等权利做出了巨大努力。

1918 年 8 月，新文化运动中积极呼吁白话文教育的主将刘半农先生，在《新青年》上发表了《南归杂感》一文,文章把中国的女子看作"世界最苦的人类",穷苦人家的妇女,是"吃朝饭,愁晚饭",她们为惨淡的经济压迫折磨得喘不过来气,而那些富贵人家的妇女,虽然在物质生活上"穿短裤,穿丝袜",但是,从小就被圈养起来的这帮女子,"其实比街头的乞妇还苦"。在刘半农看来,解放这般女子的方法,就是必须让她们的父母对子女承担起教育的责任。

新文化运动完全摧毁了封建教育体制对女子的禁锢,越来越多的女子要求打破人为的教育壁垒,实现男女同校。就在五四运动爆发之前,北京大学校长蔡元培就表示外国的大小学校都是男女同校的,这实际上向外界释放了大学改革实现男女同校的信号。五四之后,全国各地要求女子教育平等的呼声在知识分子的鼓舞下更为高涨,女子争取与男性平等的呼声越发高涨,例如,五四运动开始后,北京各个女校的代表向全国发布通告:

> 呜呼!我中国女子,遂无生气乎!何数日之吞声缄口寂然无闻也。青岛为中国人之青岛,中国为四万万人之中国,非独男子之中国⋯⋯当千钧一发,存亡危急之秋,各男生爱国之热忱,起而抗争,则我辈女子,宜振奋精神而响应,庶共辅爱国诸君子之进行。按人良心人格,实属义不容辞,责无旁贷。[1]

[1] 谈杜英:《中国女子运动通史》,文心印刷社1936年版,第142页。

在当时,女子争取平等教育的一个全国轰动事件,是在小学任教的邓春兰,在1919年5月19日,致信北京大学校长蔡元培，呈请国立大学打破禁锢，实现男女同校。此信随即被国内众多报纸转载，立时舆论沸腾，她的这次请愿信被誉为"女子要求入大学的第一声"。而她本人则最终进入北京大学旁听，其时北京大学旁听女生一共有 9 人。

女子独立意识的觉醒，给当时的民国政府造成强大的压力，使其对女子教育改革的重视也随之增强。1919 年 3 月，教育部正式颁布了《女子高等师范学校规程》，对于女子高等师范的学科设置、入学等作了具体的规定，显示了民国政府对于女子教育革新的开放姿态。5 月 24 日，教育部又通令全国各地：查现在各处女子高等小学毕业生，日见增多。本部现又就北京设立女子高等师范学校，女子中学校之设立，实系要图。各省区如未经设立女子中学，应先就省区经费筹办省立或区立女子中学校，以宏造就。

在教育部的推动下，女子教育在内容上获得了与男子相同的权利。1920 年，北京女子高等师范学校正式成立，这是中国女子教育改革的重大进步。到了 1922 年，全国小学已经实现了男女并轨，中学虽然尚没有实现完全的男女同校，但是已经朝着这个方向迈出了非常重要的一步。

特别重要的是，经历新文化运动的洗涤之后，女子职业教育获得了前所未有的发展，一扫封建制度下女子被剥夺劳动职业平等权利，只能在家相夫教子的性别歧视。职业教育这一思潮早在清末即已有人提倡，只不过受到当时社会条件的限制，直至"五四"时期民族资本有了一定发展后，才被教育界越来越多的人接受。

黄炎培堪称民国时期职业教育的鼻祖，其创办的"中华职业教育社"则是当时社会上职业教育的最著名团体。新文化运动为职业教育迎来发展的良机。1918 年，中华职业教育社宣布，职业教育的目的在于"使无业者有业，使有业者乐业"，为个人服务社会、为国家及世界增进生产力之准备。这一思想随着新文化运动向全国的蔓延而著名，影响力逐渐扩大。

当时有人呼吁："现在假若把女子解放到社会上去，给他劳动，那女子的能力，

一定会发展的。我主张现在大部分女子所需要的，是独立性的
职业，正因为这种职业，固然可以谋女子的经济独立，又可以
发展女子潜伏的能力。"[1] 例如，1919 年，教育部通令全国女子
中学必须设立简易职业科，至 1922 年，全国已经拥有女子职业
学校 76 所，其中，北京女子职业中学、江苏私立女子职业中学
都是当时国内著名的女子职业学校。

　　学者王元化曾说，"五四"运动留给后人最大的一个后遗
症就是意识形态化的启蒙心态，具体表现为思想极端与失去宽
容。价值观念的单一化与极端化，最终形成社会行为的绝对化
与排斥性，以致越走越偏。这一点可以从当时学生对待教师学
问的怀疑态度看出来。当年轻的胡适受邀来到北大任教中国哲
学史课程时，因为其讲课截断众流，从老子、孔子讲起，引起
众多学生不满，当时学生准备联合将其轰下台，当时的傅斯年
是学生中闹学潮的领袖，于是大家请傅斯年去听课，以决定是
否赶胡适下台。傅斯年听了几天胡适的课程之后，告诉准备闹
事的同学：这个人的书虽然读得不多，但是，他这样的讲课方
式是对的，然后警告同学：你们不能闹事。十多年之后，胡适
才明白自己年纪轻轻任教北大而没有被学生轰下台，原来是受
益于傅斯年。

　　即使以五四运动为最高潮的新文化运动给中国留下了诸多
后遗症，但是，在教育上的白话文教学和国语教育革命，以鲁
迅为代表的"救救孩子"的儿童教育革命思想，以及女子平等
教育，都开创了民国早期中国教育史上的辉煌一页。这，正是
我们今天需要重视的、从新文化运动中汲取教育革新智慧的重
要根源。

[1] 陈问涛：《提倡独立性的女子教育》，见中华全国妇女联合会妇女运动历史研究室编：《五四时期妇女问题文选》，三联书店 1981年版，第 314 页。

鲁迅：民族魂魄归何处

鲁　迅

1906 年，日本仙台医专。一位怀抱治病救人心愿的中国留学生，因为亲眼目睹愚弱的国民内心之麻木，毅然放弃治疗生理疾病的医学，转向疗救精神疾病的文学。在他看来，医学并非一件紧要之事，愚弱的国民即便身体再强壮，如果精神上愚昧，也只能成为"毫无意义的示众的材料和看客"，病死多少都是不必以为不幸的。

这个人就是鲁迅，民国时代对中国民族性格认识最深刻、批判最彻底的文学家，对重塑国民人格充满无限希望的思想家。他所说的"改变他们的精神"，就是为之付出一生心血的"立人"教育。

鲁迅，原名周樟寿，后改名周树人；字豫山，后又改为豫才。与民国时代无数才子一样，鲁迅出生于人杰地灵的浙江绍兴。其祖上也曾拥有辉煌的历史，祖父周福清进士出身，一度在京城任内阁中书，不幸的是，周家到了他父亲周伯宜一代已经败落。少年时代的鲁迅在私塾接受过严格的封建教育，后来，为了挽救像父亲一样被庸医断送性命的人，他东渡日本学医，然而，麻木愚昧的国民性格彻底击碎了他的美梦，让他认识到国民精神上的疾病远比身体疾病严重得多，为此，他开始了以文学教育国民的伟大转型。

鲁迅在国内的第一次教育任职开始于 1909 年。是年 7 月，鲁迅从日本回国，结束了前后长达 7 年的留学生活；8 月，受聘于浙江杭州两级师范学堂担任教员工作，直至 1927 年离开教学职务，从事纯粹的文学写作。在长达 18 年的教育生涯中，他先后执教于浙江两级师范学堂、绍兴师范学校、北京大学、北京高等师范学校、北京女子高等师范学校、厦门大学、中山大学等多家学校。辛亥革命后，长期供职于民国中央政府教育部。

鲁迅留学时期的日本，早已经历明治维新的涤荡冲击，教育观念发生了翻天覆地的变化，其朝气蓬勃的姿态与老迈腐朽的晚清形成鲜明对比。这让急切盼望改变中国落后腐朽现状的青年鲁迅，很容易留下刻骨铭心的记忆。在他后来倡导的教育观念中，我们不难发现当时日本先进教育思想对其的影响。

世人皆知鲁迅文章如同匕首和投枪，尖锐犀利，刺穿没落晚清和民国初年一切丑陋的社会现象，殊不知他的教育思想更胜过匕首和投枪。而且，正所谓大象无形，鲁迅并不像蔡元培、陶行知、叶圣陶等人那样拥有系统的、专门的教育论著，他的教育思想贯穿在他多年的教育实践活动中，散落在浩瀚多彩的文学作品里，浸染在伟岸高尚的人格中。这种无形而至高的教育观念，如同柔弱的水流，肆意充盈民国人性教育的所有空间，然后产生惊人的爆炸冲击力量，切入国民灵魂的最痛处。这就是鲁迅的"立人"教育。

"立人"，即去除国民奴性，树立健全人格之意也。在鲁迅看来，教育的根本任务"首在立人"，只有"人立而后凡事举"。立人先立己。只有自己首先具备高尚的人格，才能帮助教育对象获得人格的提升。我们可以从两件小事上看出清末民初时期鲁迅"立人"教育思想形成的轨迹，也可以以此切近鲁迅立人教育思想世界。

立起民族的尊严，是鲁迅实施立人教育思想实践活动的第一步。这可以从鲁迅剪辫子事件说起。1902 年，鲁迅以优异的成绩从矿路学堂毕业，被派往日本公费留学。3 月 24 日，日本轮船大贞号从南京启程，取道上海奔赴日本。在日本东京弘文书院，他在"江南班"第一个剪掉了象征着屈辱的辫子，在留学生中引起轩然大波。

晚清时期的日本，对于国内革命者而言，简直是一座逃亡的乐园。孙中山、黄兴等革命党人，在国内遭到通缉之时，往往跑到日本躲避。留学生中到处鼓涌着革命的暗流，鲁迅生活在这样的环境中，受到革命情绪的影响，剃发明志自然不足为奇。稍后也来日本弘文学院留学的许寿裳，在后来回忆鲁迅的文章《亡友鲁迅印象记》中说：

> 留学生初到，大抵留着辫子，把它散盘在囟门上，以便戴帽。……我不耐烦盘发，……就在到东京的头一天，把烦恼丝剪掉了。那时江南班还没有一个人剪辫的。原因之一，或许是监督——官费生每省有监督一人，名为率领学生出国，其实在东毫无事情，连言语也不通，习俗也不晓，真是官样文章——不允许吧。可笑的是江南班监督姚某，因为和一位钱姓的女子有奸私，被邹容等五个人闯入寓中，先批他的嘴巴，后用快剪刀截去他的辫子，挂在留学生会馆里示众，我也兴奋地跑去看过的。姚某便只得狼狈地偷偷地回国去了。鲁迅剪辫是江南班中的第一个，大约还在姚某偷偷回国之先，这天，他剪去之后，来到我的自修室，脸上微微现着喜悦的表情。我说："阿，壁垒一新！"他便用手摩一下自己的头顶，相对一笑。此情此景，历久如新。

年青的鲁迅，毫不畏惧官方停止资助公费、遣返回国的严重后果，第一个剪掉辫子，足可见其对现实社会黑暗之愤懑、对重塑民族气节人格之急切。正如此事之后，他题赠挚友许寿裳先生的一首诗中所言："灵台无计逃神矢，风雨如磐黯故园。寄意寒星荃不察，我以我血荐轩辕。"如此大义凛然之崇高情怀，在青年时代的鲁迅心中已经形成，成为支撑他此后教育活动、折服学生的基本品质。而鲁迅回国后对国民"立人"教育的第一课，也是以自己减去辫子的勇敢行为，向学生灌输斩除奴性，树立反抗压迫的"立人"观念。鲁迅所渴望的国民，就是"幸福的度日，合理的做人"的人，有耐劳作的体力、纯洁高尚的道德、广博自由能容纳新潮流的精神。

1910 年 9 月，鲁迅任职绍兴府中学堂。此时的中国正值辛亥革命前夜，晚清政权岌岌可危，封建帝王官僚们嗅到空气中愈来愈浓的革命气息，对此甚为恐惧，对于有可能引发革命的一切新鲜观点都采取严厉打压措施。在日本已经减去辫子的鲁迅，成为学校里唯一没有辫子的教师，自然受到官僚集团的"特别关照"，乃至在学校任职期间，同事们往往唯恐避之而不及，害怕因为和鲁迅交往而遭受牵连，鲁迅却毫不在意。此事对当时学生产生了巨大的影响，一些追求进步而不敢剪辫子的学生，受到鲁迅的影响，终于掀起剪辫子的学潮，此举甚至从绍兴府中学迅速波及其他学校，成为当时绍兴教育界的重大事件。

这种情形很容易让我们想起后来清华园中的王国维，当全国人都剪掉辫子响应革命的时候，王国维带着脑后的一根辫子旁若无人地走在清华园中。而鲁迅则在民国前夜举国百姓脑袋后面晃着辫子的情况下，以革命者的姿态傲然行走于校园，在学生们或惊诧、或钦佩、或鄙视的眼光中，以高傲的姿态，向学生无言地宣示着他的教育观念。

恢复个人的尊严，让国民不再跪拜于封建权威塑造的偶像的脚下，彻底扫清"想做奴隶而不得"、"暂时做稳了奴隶"的奴化思想，则是步入人生中年的鲁迅留给今人最宝贵的精神财富。对此，鲁迅致力于让习惯于跪下的国民不再迷信经书，打破孔孟之道，恢复国民做人的尊严。早在日本留学期间，鲁迅就对学生跪拜于封建孔子之礼表示极大愤慨，后来鲁迅在《在现代中国的孔夫子》一文中回忆说："学监大久保先生集合起大家来，说：因为你们都是孔子之徒，今天到御茶之水的孔庙里去行礼罢！我大吃了一惊。现在还记得那时心里想，正因为绝望于孔夫子和他的之徒，所以到日本来的，然而又是拜么？一时觉得很奇怪。而且发生这样感觉的，我想决不止我一个人。"

当一个人以信徒般的虔诚长期膜拜于偶像的脚下，你若让他恢复站立的姿态，这是何等困难的事情啊。鲁迅要让学生勇敢地站立起来，必然要遭遇塑造偶像者们的镇压。1909 年 8 月，鲁迅接受校长沈钧儒邀请，任职于杭州两级师范学堂。到了 11 月，风云突变，校长沈钧儒辞职。新任校长夏震武奉行忠君尊孔教育观念，要求学校教务长许寿裳陪他"谒圣"，让所有教师必须在孔子像前跪下，并且以封建社会下属拜见上司的礼节与他相见。如此倒退反动的教育主张遭到鲁迅等人的强烈反对，鲁迅等教师愤然辞职。此举在学生中引发巨大反响，进步学生强烈抵制夏震武的教育管理主张。由于夏氏顽固木讷，学校进步师生称其为"夏木瓜"，此次风潮遂被称之为"木瓜之役"。鲁迅在此次风潮中，表现出了强烈的反抗奴化教育的思想，这也成为他此后民国时代立人教育的核心思想。

立人教育实施的困难不仅在于奴化阶级的反对和镇压，更在于被奴化的学生们因为长期没有站立而丧失了做人的主动意识，习惯性地形成了跪拜的心态。对此，鲁迅极力激发学生内心的主动意识，向学生灌输不畏牺牲的精神和勇气。1911 年 11 月，辛亥革命的爆炸冲击波从武汉向全国蔓延。杭州光复后，以鲁迅的学生为主的越社在绍兴召开了大会，在鲁迅的带领下，学生们集体到街上宣传革命。当时有学生问："万一有人拦阻便怎样？"鲁迅严正地告诉学生："你手上的指挥刀作什么用的？"如此豪迈气概，正是在践行他为了恢复做人的尊严而不惜牺牲的"立人"主张。

"夏木瓜"的奴化教育政策、学生们长期被奴化的思想意识，都在考验着鲁迅"立人"教育的成色，最大的困难远不是这些。鲁迅的"立人"教育试图让全国人民勇敢地站立起来，而当政者的最大心愿却是让人民永远跪伏在自己的脚下，更尖锐的冲突已经不可避免。

1913 年 8 月，袁世凯颁布《通令尊孔圣文》，在全国教育范围内推行奴化思想，教育总长汪大燮更是命令教育部全体部员到国子监拜祭孔子。鲁迅愤恨地痛斥此举为"真一笑话"。

1916 年，范源濂在任职教育总长期间，再次推行"祭孔读经"教育主张。鲁迅与同在教育部任职的许寿裳、杨莘士等人，联名写信表示坚决反对。鲁迅坚称，学校学风如何，都是和政治状态及社会情形相关的，教育界里的称为清高，本是粉饰之谈，其实和别的什么界都一样，现在所谓教育，世界上无论哪一国，其实都不过是制造许多适应环境的机器和方法罢了。1918 年，鲁迅在《新青年》发表《狂人日记》，此文的发表成为整个新文化运动中最具有影响力的事件。从此，一个严厉批判国民劣根性的革命战士屹立在民国文坛。

正如鲁迅的作品在学界存在争议一样，他和弟弟周作人的失和，一直是民国文学史上的一桩公案。在许多人的笔下，既有鲁迅被描写成有民族担当的革命斗士的褒扬，却也不乏言其心胸狭隘、睚眦必报之类的诋毁。今天我们不必为鲁迅澄清什么事实，我们只要看看这位被学界描绘得色彩过于浓烈的作家，是如何对待周作人的孩子的，就大约可以明白大人物的平凡心。

在鲁迅和周作人失和之前，他一直视周作人的孩子为己出，更可贵的是，他对侄儿们的教育方式，始终坚持着"以幼者为本位"、恢复孩子天性、解放束缚的儿童教育理念，直至 1923 年兄弟失和。

> 1913 年，鲁迅回乡省亲其间，给二弟的孩子买玩具；
>
> 1915 年，鲁迅给二弟寄东西时，包括"陕西玩具十余事"；
>
> 1916 年，鲁迅省亲途中，在上海购买玩具 5 种；
>
> 1919 年，鲁迅购买八道湾住宅，与兄弟同住，主要原因在于"取其空地很宽大，宜于儿童的游玩"；
>
> 1921 年，鲁迅购买玩具十余事分与诸儿；
>
> 1922 年，鲁迅购买泥制小动物 40 个，分给诸儿。

这些极其琐碎平常的活动，展示的绝非仅是作为伯父的鲁迅对侄儿侄女的亲情，更多的是他试图给孩子一个天真快乐的教育环境，满足孩子对无拘无束的生活追求的愿望。他们一反当时家庭教育盛行的放纵与棒喝，还给孩子们一片纯净的天空、一片自由的土壤。这就是新文化运动主将鲁迅的真性情。

第
二
部

1920—1927

西学东渐　新教育运动的本土化

被称为平民教育之父的晏阳初，为满目疮痍的中国创造性地引入了平民教育的洪流，扮演了开启蒙昧民众心智的教父角色，中华大地到处激荡着如火如焰、如海如潮的教育热情。

1919，这一年，民国青年学生的爱国热情被巴黎和会上西方列强瓜分中国的野心点燃，自清末开始郁结了数十年的愤懑和屈辱，最终在爱国学生们的奋力一击中，变成当时向世界宣示中华民族尊严的最强音，预示着一个新思想的时代已经来临。

1927，这一年，国共两党合作宣告失败，数年之久的国内大革命洪流最终演变为背叛革命者对人民的血腥屠杀，血雨腥风、白色恐怖已不足以概括此时真实的中国，隆隆的内战枪炮声中，漫卷诗书的知识分子将何去何从？

历史留给民国教育家们的时间板块过于局促狭小，但是，这并不影响他们将之作为创造功绩的大舞台。经历了清末民初经纬万端的纷乱，教育家们一度把强国教育之梦寄希望于欧风美雨，欧美教育在民国的学校里遍地开花，却没有结出令人期待的果实。民国教育家们再次把目光收回到自己脚下的这片土地，满目疮痍、江河零落，却蕴藏着勃勃生机、点点希望。

1920—1927 年，西风依然强劲，只是民国大地上的知识分子不再盲目狂热，终成民族化、本土化的时代旋律，这是民国教育史上的奇迹。他们对西方教育的土货化改造，孕育了旧式教育革新的种子，更孕育了西方新式教育自身适应中国的种子。

【一】
1922 年：青山遮不住的新学制

1919 年 4 月 30 日，一艘从日本驶往中国上海的客轮刚刚抵达，被誉为"世界思想领袖"、"美国教育大家"的杜威，偕同夫人、女儿正式踏上中国的土地，代表北京大学的胡适、南京高等师范学校的陶行知、江苏教育会的蒋梦麟，早已经恭候多时。旋即在胡适等人的热烈欢呼和簇拥下，杜威的中国之旅正式开始。这位最初打算在中国待上几个月就回国的教育家，没想到在中国弟子们的盛情挽留之下，从 1919 年 4 月至 1921 年 8 月，在中国讲学历时两年零两个月，演讲 200 多场，足迹遍及中国江苏、直隶、奉天、浙江、湖南、湖北、广东等十多个省市。这次讲学活动堪称创下民国以来西方学者来国内讲学时间之最。

杜威

　　杜威（1859—1952），美国实用主义教育大师，其倡导的"教育即生活"、"教育即生长"的实用主义教育理念，在当时世界教育界颇具影响力。杜威在哥伦比亚大学任教时候，许多中国留学生拜在其门下，张伯苓、胡适、陶行知、蒋梦麟、郭秉文、陈鹤琴等人，都是杜威的弟子。正是他们的极力邀请和运作，才最终促成了杜威访华成功，并把实用主义教育观念辐射引领到中国的教育领域，这对杜威实用主义教育思想在国内的传播和实践，产生了积极的影响，国内由此掀起一股杜威实用主义教育热潮。后来发展成为二三十年代教育主要潮流的平民主义，就深受杜威实用主义教育思想的直接影响。

　　当时国内各大报纸几乎都在报道杜威的中国之行，杜威南上北下的调查、讲学路线的变化，报纸都跟踪报道。在教育界杜威教育学说的试验随之成为主流，这给国内教育带来一番崭新思想的同时，也隐藏着一个生吞活剥、粗暴移植实用主义教育而导致庸俗化、机械化的弊端。

　　胡适在《杜威先生与中国》中，对于恩师的此次访华如此称赞："自从中国与西洋文化接触以来，没有一个外国学者在中国思想界的影响有杜威先生这样大的。"胡适对杜威的称赞并没有任何的夸大，也不是给自己脸上贴金，别说在民国时期，就是在今天，我们也找不到一个西方教育家能够在中国进行两年的教育调查和演讲而长盛不衰。甚至杜威的女儿也说，中国是父亲杜威所深切关心的国家，仅次于他自己的国家。

　　杜威的教育思想在国内引发如此强大的影响，除了与昔日的弟子已经个个成为民国教育界的显赫人物，经由他们宣传和鼓吹之后，其教育观念更容易被大众接受和欢迎这一客观因素有关，更重要的，是杜威的"科学知识运用是社会实践"的实用主义教育让中国人大开了眼界。特别是杜威的"教育即生活"民主开放的教育观念，在当时中国教育严重脱离现实社会生活的背景下，非常容易触动中国知识分子反封建的爱国情怀，其得到国内众多知识分子的推崇也就理所当然了。这可以从当时地方军阀对杜威的不欢迎态度上看出来。

1919 年 12 月 24 日，杜威应邀去山东济南演说，就在当天，北京方面接到山东省督军张树元发来的电报，拒绝他们前去。然而当杜威等人到了山东之后，督军、省长又表示欢迎，理由是请他们来演讲，自然是不赞成的，但是，既然他们已经来了，就欢迎。当杜威等人演讲结束离开济南之后的第二天，有位山东议员质问：谁叫杜威来讲演的？谁用议会的名义，得提出来查办。不然，我明天叫几个妓女来，在这里开盘子。

那么，杜威的实用主义教育为什么能够在民国政府的眼皮底下盛行呢？这与实用主义教育自身产生的缝合弥补阶级斗争的润滑性质有关，特别是经历五四狂飙运动之后，国内激进革命者宣扬的红色十月革命给资产阶级政府造成强大的压力，而杜威的实用主义教育很好地缓和了阶级之间剑拔弩张的紧张局面。即使1919 年国内政局极度混乱，政府对待杜威以及其实用主义教育也始终表示欢迎，这也成为国内各地实用主义教育全面勃兴的政治保障。

但是，一大批信奉杜威实用主义教育学说的知识分子，在并未完全理解实用主义教育精髓的情况下，生吞活剥杜威的实用主义教育思想，在国内教育界肆意推行庸俗的实用主义教育，也因此闹出诸多问题。

当时社会上有许多人使用假洋钱投机牟利，这让国内实用主义教育家们深受触动，想到杜威在演讲中曾倡导的运用科学知识识别假货的教育，于是便把如何识别洋钱真假的方法，编入学校的教科书中，在课堂上专门进行教育。这一行为曾经让当年的鲁迅先生大为光火。他不仅在杜威实用主义最为盛行期间写下的《我们现在怎样做父亲》中，就直接批评因为市上有假洋钱，便要在学校里遍教学生看洋钱的法子之类是错误的。乃至很久以后的 1936 年，他仍然难以咽下这口恶气，愤然批评中国的一些教育家主张学校应该教授看假洋、写呈文、做挽对春联之类，实属背离教育宗旨。鲁迅的学生所撰《怀念我的老师——鲁迅先生》一文中说：

1
孙福熙：《怀念我的老师——鲁迅先生》，见《孙氏兄弟谈鲁迅》，新星出版社2006年版，第114页。

当江苏有些地方推行"实用主义"教育的时候，先生是不赞成的。尤其使先生觉得可笑的，是教课中有"看假洋钱"一课，来辨认银元的真假。这真是舍本逐末。[1]

鲁迅为什么会对杜威的实用主义如此排斥，一直存在争议。事实上，鲁迅的态度并不意味着他个人对杜威实用主义教育的排斥，而是代表了当时国内一部分知识分子，对于外来教育是否适合中国国情的一种理性质疑。他们既不狂热地推崇西方教育，以之作为解救中国教育的唯一良方，也不顽固地坚守传统教育，而是在冷眼观察西方教育移入中国之后的得失利弊。

以假洋钱的实用主义教育为例，国内的实用主义者主张通过科学知识教育学生懂得识别日常生活中的假洋钱，认为这就是教育的最终目的。这种把知识与日常生活紧密结合的教育观念，固然有一定道理，但是，假洋钱流行证明的是社会客观环境恶劣，教育的最重要目的不是教会他们如何识别真假银元，因为消灭假洋钱不应该是学生的责任——即便这种方法最终真的能够消灭假洋钱。这种教育实际上放弃了对学生精神世界的理性启蒙，在某种意义上，不过是一种低级庸俗的"奇技淫巧"而已，这与鲁迅始终致力于改造人的精神世界明显相左。

当然，这里面也许有鲁迅对杜威实用主义教育的误解，或者个人对实用主义教育的偏见，据说，鲁迅在不小心收到假洋钱之后，从来不会像其他人一样再用假洋钱到市面上蒙混，而是拿起小榔头将其打碎，然后投入火炉烧掉，称之为"火化"，或者锁在抽屉里，不拿出使用，名之为"打入冷宫"。[2]

2
俞芳：《我记忆中的鲁迅先生》，见鲁迅博物馆选编：《鲁迅回忆录》（下），北京出版社1999年版，第1487—1488页。

其实，这个细节说明了另外一个问题，即以鲁迅为代表的部分知识分子，在1919年开始的中西思想文化碰撞的特殊历史节点上，不仅对本土文化中的新与旧进行激烈思考，也对西方教育思潮大量涌入中国的问题，产生了是否适用的质疑。杜威来华后，"儿童中心"、"教育即生活"、"学校即社会"等实用主义教育思潮泛滥，鲁迅本人的儿童教育观念也受到一定的影响，但是，以鲁迅为代表的许多知识分子，仍然坚持借鉴学习而不是全盘照搬的原则，包括晏阳初的平民主义、黄炎培的职业教育，等等，都是受到杜威实用主义教育的影响而进一步本土化的结果。

就在杜威带着他的实用主义教育思想红遍国内大江南北后离开中国不到一个月时，1921年9月5日，同为哥伦比亚大学的著名教育家孟禄，在女儿的陪同下乘船抵达上海，在码头上受到此前亲自参与邀请杜威的郭秉文、陶行知、黄炎培等人的欢迎。此后，孟禄在中国进行了长时间的调查研究和讲学。1921年，第七届全国教育会联合会在广州召开，孟禄在会上发表演讲，这次会议最重要的议题就是重新建立学制，会后最终形成了民国以后第二个学制，即著名的"新学制"，孟禄的美国学制对"新学制"的影响作用是必然的。其言论主张不仅直接影响了当时的会议，而且间接影响了今后的中国教育界。

不管是杜威还是孟禄的中国之行，都为五四之后思想开放的中国教育界带来了新鲜的西方教育理念。当时在国内教育界占据话语权的重要人物，如张伯苓、郭秉文、陶行知、胡适等人，无一不是杜威和孟禄的弟子，他们在两位老师来中国讲经布道之前，便已经在中国的古老大地上播种西方教育思想的种子。

例如，极力促成杜威访华成功的胡适，在1919年3月的教育部会场以"实验主义"为题演讲多次，演讲内容通过《新青年》发表，积极介绍杜威的实用主义教育，为杜威实用主义教育在中国的传播"开辟出一条道儿"，"再加些洒扫的功夫"。因此，以1919—1921年杜威、孟禄访华调研和讲学为标志，中国教育界的西化思潮已经孕育成熟，并形成了汹涌洪流猛烈地冲击着中国。

新旧文化的斗争正酣，中西文化的倾轧又起，1919 年以后的中国教育，不仅需要理性的思想家质疑、反思西方教育是否真的完全适应中国，而且，在西方教育被大量嫁接到中国之后，传播、引进西方教育的学者们自己也在检验、反思外来教育是否适合中华民族。于是，在中西文化积累碰撞的历史板块上，一股强大的彰显教育本土化、民族化的教育运动，成为这个时代教育的主流。而无论是此后的职业教育，还是平民主义教育，都是杜威实用主义教育影响的结果。当然，在这个硕果结出之前，另一个重要的成就——1922 年的新学制，在新旧文化、中西文化的涤荡碰撞中诞生了。

1921 年 10 月 27 日，全国教育联合会在广州召开第七届会议，在这次会议上，讨论了学校系统问题，初步提出了仿效美国的"六三三制"方案。1922 年 9 月，教育部召开学制会议；10 月，全国教育联合会在济南召开第八届大会，对学制系统进行复议。此后，以政府名义颁布了《新学制系统案》，俗称"壬戌学制"。

新学制较之此前历任学制的最大焦点，是中小学实行了"六三三制"。

"六三三制"本身就起源于美国。19 世纪七八十年代，美国中小学实行的是"八四制"，即小学八年，中学四年。过于漫长的小学严重影响了中学教育和整个教育系统的发展，据考证，19 世纪末，美国许多城市中读完小学八年的学生只有第一学年的一半，中学毕业的仅有小学一年级在校人数的十分之一。[1] 1893 年 12 月，有人提出小学六年制的建议，但是，这

① [日]阿部重孝著，廖英华译：《欧美学校教育发达史》，商务印书馆版，第 395—396 页。

种制度在当时并没有得到普及。直至 1913 年，在小学六年制的基础上，正式把中等教育区分为初中、高中各三年，由此形成中小学学制系统的"六三三制"。

1919 年杜威和 1921 年孟禄先后来到中国讲学考察之时，美国的"六三三制"已经逐渐成熟，此前已经回国的留美学生很自然受到这个学制的影响，试图把美国先进的"六三三制"引入中国，再加上杜威和孟禄等西方学者的介绍和宣传，在中国引入美国"六三三制"，已经成为时代的需求。

其实，这还与当时国内教育界对美国"六三三制"的了解和学习紧密相关。美国哥伦比亚大学是当时世界教育的中心，当时在美国哥伦比亚大学师范学院学习过的中国留学生有 160 多人，张伯苓、胡适、陶行知、蒋梦麟、郭秉文、陈鹤琴等主导了 20 世纪 20 年代新学制改革的教育界名人，皆在这里留过学，而他们学修的专业以及回国后从事的职业，从教育哲学、教育史，到乡村教育、师范教育，等等，几乎囊括了现代教育的所有学科。他们对美国"六三三制"的研究和学习，必然对中国新学制改革模式产生重大影响。这也就可以解释为什么主张中学六年制的声音会成为压倒性的意见。

"壬戌学制"的完成，总会让人将之与此前历任学制进行一番优劣比较，从1902 年，清代管学大臣张百熙制定钦定学堂章程，到 1903 年，张之洞、张百熙、荣庆等人重拟学堂章程，即"癸卯学制"，中小学制过长的问题一直凸显。以"癸卯学制"为例，中小学长达 14 年之久，虽然总学年较之"六三三制"不过多了两年，但是，初等小学堂 5 年，高等小学堂 4 年，中学堂 5 年，这给小学教育带来了巨大的影响。而且，这个学制规定高等小学堂每周读经科目必须占周学时的 61%。

1912 年的"壬子学制"，是民国建立后的第一个学制。它废除了清代学制忠君、尊孔的教育宗旨，在中小学制上改为 11 年：初等小学 4 年，高等小学 3 年，中学 4 年，较之此前学制明显缩短。但是，这次学制没有解决中学学制阶段划分的问题，而且，经历 1915 年袁世凯的复古逆流之后，中小学制再次陷入混乱。

"壬戌学制"的完成，把中小学制确定为 12 年，把小学在校时间从壬子癸丑学制的 7 年缩短为 6 年，有利于基础教育的普及，同时，取消了小学分为国民学校和高等小学的区别，统一称之为小学校，前 4 年单设的称为初级小学校，6 年合办的称为完全小学校。[1]

中等教育阶段的变化则是这次学制改革的最大成果。

一方面，把中学划分为初中和高中两个阶段，适应了中学生不同年龄阶段的身心发展特点，有利于开发学生思维，塑造学生个性。据考察，当今世界各国施行的中小学学制，虽然并不相同，但是，实行"六三三制"的，占据了大多数。这说明了美国"六三三制"对于世界教育的贡献，更说明了这种学制划分是非常符合中小学生生理智力特点的。陶行知先生认为，新学制是"适应时势之需求而来的"，是"应时而兴的制度"，它也成为我国新中国成立前一直采用的基本学制。

另一方面，把中学修业年限从 4 年改为 6 年。此前历次学制改革都有不同的变化，但是，小学学制过长、中学学制过短则是通病，即使民国建立后颁布的"壬子癸丑学制"，中学在校时间也只有 4 年。如此短暂的学习阶段，既无法充分接受知识的学习，也给就业带来了麻烦。当时中学毕业生能够升入大学的只有极少一部分人，据统计，1000 个中学毕业生中只有 65 个人能升入大学，剩下的绝大多数人面临着就业问题，而 4 年制的中学阶段根本无法满足职业教育的需求，大量中学毕业生的就业问题，"成为教育界绝大的问题"。当时有人批评这种学制的弊病是：在这样学制下面的中学校所培养出来的学生，

[1] 金林祥：《评"六三三"学制》，《华东师范大学学报》1983 年第 1 期，第 44 页。

无论是对升学预备来说还是对职业教育来说都不能使人满意。

新学制对此有了明显的规避，通过延长中学学制为 6 年，为中学生学习职业技能提供了充足的时间，满足了绝大多数中学生毕业后走向社会就业的要求，较之此前历次学制改革，无疑是一次巨大的进步。

"壬戌学制"带有明显的美国"六三三制"印记，这个也成为此后学界对此猛烈攻击的一个罪证。翻开中国从清朝到民国学制的历史，每一个学制几乎都带着外来学制的印记。"癸卯学制"仿照了日本明治时的学制，"壬子癸丑学制"也效法日本，但是，当时是否盲从美国学制，则是值得商榷的。作为新学制基础的广州会议制定的学制草案，一经公布就获得广泛的称赞，认为无论如何比旧学制好得多，从此中国教育上可以生出些朝气来，一洗历来"依样葫芦"教育者为学制所囿而不能活用学制的大毛病！

退一步说，对于西方学制的模仿和借鉴，全盘照搬固然不对，而一概否定也未必妥当。虽然不同国家、民族和地区必然存在文化差异，但是，并不意味着不存在被各个国家、民族和地区通用的文化共性，至少我们应该对外来新事物采取吸收借鉴的积极态度，而不是盲目排斥、否定一切。这正如新学制颁布之后，舒新城指出的：

> 外国发现一种新制，都有其特殊的历史，我们决不相信照样搬过来，就可以施行，也不相信件件东西都可行于中国而有利，不过一种新方法或新制度的发现，除了适应环境的机械办法外，必有它的特殊原理和原则。此原理原

①
舒新城：《什么是道尔
顿制》，《教育杂志》第
14 卷第 11 号，1922 年
11 月。

则虽不能推之四海无疑，行之万世皆准，但我们同处于一个时代的人们，总有几分可以参考，可以采用。①

所以，把新学制对美国"六三三制"的模仿看作一种简单的照搬，是简单而肤浅的，至少是没有看到学制改革中的灵活性和本土化的特点。因为他们只看到中学修业学制改为与美国一样的 6 年，而忽略了"三三制"如何在与"四二制"、"二四制"的博弈中最终确定的。

在 1921 年的广州会议上，对于中学 6 年究竟是采取"三三制"还是"四二制"、"二四制"，当时还是存在很大的分歧和争论，当时主张中学六年"三三制"的有广东、甘肃和湖南三个省区议案；主张实行"四二制"的有黑龙江、江西、福建和直隶四个省区议案；主张"二四制"的则有云南、浙江两个，其中就包括教育界最著名的人物蔡元培。蔡元培在《全国教育会联合会新议决之学制系统草案评》中指出，中学阶段不应该实行"三三制"，应该以"四二制"为原则。由于这次年会由广东主办，而且，广东在提出"三三制"的同时，并没有排斥其他的"四二制"和"二四制"议案，最终大会采取了调停妥协的办法，最后决定"三三制"和"四二制"并存，以"四二制"为原则，以"三三制"为例外，小学 6 年，也可根据地方情形定为 7 年，而这次大会对于新学制的最终确立，起到了关键的作用。

1922 年 10 月 11 日，全国教育会联合会在济南召开第八届年会，众人期盼的新学制改革并没有得到重视，此前的广州会议上各省代表提出的改革意见面临流产，学制改革大有走走

形式回到老路子上去的可能，这引起了全国各地教育会的强烈
不满和愤怒，来自浙江教育会的代表许倬云大骂教育部：

> 教育部是什么东西？配召学制会议？学制会议是一班
> 什么东西？配定新学制？你们请看这本学制会议的新学
> 制，哪里有革新的意味，全是保存旧制。什么学制会议？
> 明明是和我们教育会联合会开玩笑。现在的教育总长，次
> 长是什么东西？汤尔和、马叙伦都是我们浙江人，我现在
> 兴之所至，且把他们的丑历史报告给诸位听听。[1]

[1]
周邦道编：《第一次中国教育年鉴》，上海开明书店1934年版，第163页。

经过激烈的辩论、争吵，最终由胡适出面协调斡旋，草拟
了一个兼顾广州会议和教育部学制会议的学校系统方案，采取
所谓"精神上大部分用广州案，而词句上多采用学制会议案"
的旧瓶装新酒的方法，但是，中学教育仍然坚持"三三制"为
主，以"四二制"或"二四制"为辅导的原则，改变了此前学
制会议上提出的以"四二制"为主、"三三制"为辅的做法。
此草案经过热烈争论后，把此前浙江就一直坚持的"二四制"
作为副则之一列入学制的正文，至此，《学校系统草案》终于
完成。1922年11月，北洋政府正式公布实施了《学校系统改
革案》。

有人曾把这种结果看作当时教育界内部各方势力均衡和博
弈的结果。从教育部和地方各自坚持不同议案的情况来看，避
免出现"一家之言"的结果固然是当时形势使然，在各方博弈
的背后，实际上掩藏了另一个重要的事实，即此时的中国教育
界，在对待学制改革问题上，已经不再如此前那样过于僵化刻

板，而是从容理性地根据地方不同情况，选择适合本地状况的教育方式，民族化、本土化的问题已经成为学制制定者极其重视的因素。教育部在决策上让位于地方教育学会，以及中学"三三制"与"四二制"、"二四制"并存的弹性学制就是典型的例子。这无疑是中国学制改革史上的一次重大进步。胡适在新学制实施后，曾非常高兴地称赞中学修业年限中"四二制"、"三三制"、"二四制"的不同，认为正是这种"五花八门"的学制系统，才成为补救现在形式上统一制的药剂。[1]

事实上，中小学制上的"六三三"并不意味着仅仅适用于美国，它同样适用于中国，对此，有学者指出了新学制在借鉴西方学制中融入了中国本土化、民族化的特点：

> 它对于外国学制的经验，并未"舍己从人，轻于吸收"，而是用分析的态度，"如有适用的，采取他；如有不适用的，就回避他"。虽说还没有达到"明辨择善"的程度，但比起"壬寅癸卯学制"、"壬子癸丑学制"抄袭日本学制的做法，是大有区别的。[2]

这算是中国教育改革者在面对西洋教育体制问题上，迈向民族化、本土化的艰难而富有成绩的一大步。

就在这场民国以来最重要的一次学制改革完成之后，国内的教育究竟发生了怎样的变化？

先说中学教育。

"壬戌学制"规定中学共 6 年，并首次分为初中、高中

[1] 朱有瓛：《中国近代学制史料》第三辑（上册），华东师范大学出版社1989年版，第847页。

[2] 金林祥：《评"六三三"学制》，《华东师范大学学报》1983年第1期。

"三三制"，在学习的具体年限和开设科目上并不搞"一刀切"，各个地方可以根据当地本校的实际情况灵活处理，这给了地方教育发展的自由空间，如此灵活弹性的精神堪称新学制的精髓。

1922 年，在新学制改革中，起到关键作用的胡适，就曾如此评价新学制的这种弹性和自由，他说，新学制新的应该是精神，而不是形式。胡适说的新学制的精神就是发展青年个性，使学生拥有选择的自由；多留个地方伸缩余地。这种弹性自由的学制，让他很有感慨地回忆起十多年前自己读小学时候的自由和宽松：

> 我记得 17 年前，我在上海梅溪学堂的时候，曾在 12 日之中升了四级。后来在澄衷学校，一年之后，也升了两级。我在上海住了 5 年多，换了 4 个学校，都不等到毕业就跑了。那里学制还没有正式实行，故学校里的升级与转学都极自由，都是弹性制的。现在我回想那个时代，觉得我在那 5 年之中不曾受转学的损失，也不曾受编级的压抑。[1]

[1]
转引自杨文海：《壬戌学制研究》，南京大学博士学位论文，2011 年，第 91 页。

胡适之所以用自己的小学经历为新学制的弹性唱赞歌，并不是鼓吹和纵容无原则、无约束的学制自由，而是强调了学制建立的基本原则就应该适应不同地区、不同人群的差异状况。旧学制既无弹性自由，又漫长僵化，这非常不利于国家中等教育的普及和发展。

据统计，1916 年，全国共有中学 350 所，其中，公立中学 299 所，私立 51 所，中学生数为 60000 多人，但是，最后毕业的仅仅有 12000 多人，绝大部分因为僵化的四年一贯制而辍学。新学制实施之后，绝大部分地区实行了初中、高中三三制，加强了职业教育，尤其是初级中学事业在教育界中更是异军突起。全国各地纷纷设立初级中学，县立的中学数量暴增，截至 1928 年，全国共有中学 950 所，其中公立 590 多所，私立 360 多所，学生数为 188000 多人。

新学制对中学的积极作用远远不止学校数量的增加，最深刻的影响还在于改变了中学的学科设置，这是我国中学教育史上的一个重大事件。

1922 年，舒新城针对北京高等师范附属中学、南开学校中学部、南京高等师范附属中学、江苏省立第一中学等四所当时国内著名的中学进行调查，发现四所中学在课程标准上各自根据地方情况设置，各校学生修业的年限，除了北京高等师范附中规定为四年外，其余的如南开中学与南高附中平均为四年毕业，南京一中于四年规定之外，并有遇特别情形得延长一年之文。而四所中学都采取了分科制度，南开为文、理、商三科，文、理科均从第三年分起，至第四年于文科之中又分出商科。[1]南开中学在践行新学制方面堪称当时国内中学的典范。

南开中学的建立，需要追溯到 1898 年，当时天津著名的士绅严修——这位祖籍浙江，出生于天津富商家庭的清末进士、翰林编修，在戊戌变法失败后辞职回乡创办教育——兴办了严氏家塾，聘请张伯苓担任教员。此时的严修当然不会想到，这位在他的家塾担任教员的张伯苓，此后能够成为民国教育史上第一流的教育家。

张伯苓（1876—1951），近代中国私立大学的拓荒者，南

[1] 杨文海：《壬戌学制研究》，南京大学博士学位论文，2011 年，第 93 页。

开大学的缔造者，其创办的南开大学以"办学立意高峻，校风
优良，名师荟萃，人才辈出著称于世，是中国近代私人办学最
成功、最有活力的学校之一"[1]，胡适尊称其为"中国现代教育
的一位创造者"。当时的张伯苓同时受聘于天津名绅王奎章的
王馆，1904 年，张伯苓仿照日本教育制度，把严、王二馆合
并扩大为私立敬业中学堂；1907 年，张伯苓在天津南开洼另
建新校，易名为南开中学堂。

[1]
梁吉生：《允公允能日新
月异：南开大学校长张
伯苓》，山东教育出版
社 2003 年版，第 2 页。

此时的张伯苓已经成为天津乃至全国教育界的名人，但
是，志向远大的他并不满足于此，他渴望了解国外先进的教
育模式，实现自己始终不敢忘记的教育救国之梦想。1917 年，
张伯苓在严修的大力支持下，前往美国哥伦比亚大学学习教
育，深受杜威教育思想的影响。这次留学研修的经历，对于张
伯苓的教育生涯而言，是一个历史性的转折，他从一个深谙国
内教育现状的专家蜕变成放眼世界的教育大师。带着哥伦比亚
大学先进的教育思想，张伯苓于 1918 年返回祖国，开始了仿
照美国先进的教育理念对本国中学的改造。

就在张伯苓前往美国学习的前一年，南开中学仍然遵循着
四年一贯制，只不过已经实行了分科制度，当时的南开开设文
科和理科，学生在第四学年可以根据自己的学习兴趣，任意选
取其中一科。张伯苓从美国回来之后，决定在文理两科的基础
上，再增设商科，这样一来，在南开中学形成了一个非常奇怪
的"二二制"学科模式：前两年普通，后两年分科，而分科的
第一年又分为文理两科，第二年再分文理商三科。这种模式一
直延续到 1922 年新学制颁布之前。

南开的"二二制"在一定程度上缓解了当时中学四年一

贯制过于粗糙的弊端，但是，这种办法显然不可能从根本上解决旧学制的问题，而且让南开毕业的中学生身处尴尬境地：如果学生毕业后升学，进入大学预科，那么，功课吃亏；如果考取本科，又被资格限制无法报考；商科学习不过短短的一年时间，所学商业科目又非常有限，职业教育的目的根本无从谈起。

　　新学制的颁布给南开中学带来了巨大的惊喜。作为私立学校，南开在学制上比一般的国立学校拥有更多的自主权，而校长张伯苓又深受美国哥伦比亚大学杜威教育思想的影响，一直在求新求变，所以，1922 年 5 月，校长张伯苓根据 1921 年 10 月全国教育联合会通过的新学制案，中学部改用"三三制"，此举虽然在当时不乏反对的声音，但是，真正被落实贯彻起来还是比较顺利的。当时被誉为"南开四大金刚"、"南开四大支柱"之一的喻传鉴记载，"实行新制，前三年为初级中学，不分科。后三年为高级中学，分普通及职业两部"[1]。到了 1936 年重庆南开中学建成之时，南开中学"三三制"学科发展已经非常成熟完备，这也是重庆南开中学直接照搬了天津南开中学学制课程模式的根本原因。

　　1921 年秋天，南开中学实行"三三制"之前的最后一年，后来成为世界著名物理学家的吴大猷，来到南开中学读书，从 14 岁入读南开中学，到 24 岁辞去南开大学教职前往美国留学，他是南开中学旧学制向新学制过渡的见证者。谈及 10 年的南开中学、大学的学生和任教生活，他说自己获得了英文、数学、物理、化学的基础训练，最重要的是养成了对科学的志趣，对事物的判别态度和能力与完全自立、不求人的习惯。这

[1] 喻传鉴：《南开学校之三三课程》，《新教育》1922 年第 4 卷第 5 期。

10 年有形无形地决定了他后来 50 年的人生。

另一位在后来成为民国著名作家的端木蕻良，入读南开中学时正逢采取"三三制"不久，回忆起在南开读书的时光，他感慨地说南开不是关起门来办学，而是通向社会，力求学生们做到全面发展。其时的南开已经增设了南开女校、南开小学、南开大学，已经不再是一所贯彻新学制的中学，在张伯苓先生的创办下，南开已经具备一个完整的教育体系。而张伯苓对南开大学采取的本土化教育模式，则成为民国教育家们对新学制灵活弹性精神把握的经典范本。

1918 年，张伯苓仿照美国私立大学模式创办南开大学。1919 年秋，南开大学正式开学，以"文以治国、理以强国、商以富国"为指导思想，开设文、理、商三科。1921 年，南开大学迁入天津城南八里台新新址，直至今日。

1919 年之后，南开大学在中国私立大学中的崛起，是民国教育界的大事，而为南开大学赢得巨大声誉的，则是新学制实行之后，张伯苓根据中国国情创造性地进行的新式教育实践。

1924 年，南开大学学生宁承恩发表《轮回教育》一文，文章指出"大学毕业生教中学是半中半英的欺哄法。留学生用的欺哄法是完全美国法，完全用外国话来唬"[1]。一言以蔽之，中国教育的本质就是转圈子的"轮回教育"，即你教育我，我教育他，他再教育别人。宁承恩批评当时中国的教育实际上是按着两个圈子转来转去：第一个圈子是从中学到大学，然后再由大学到中学，也就是按照中国教育体制，学生中学毕业以后考大学，大学毕业以后再到中学去当教师，然后再教中学生们去考大学，学生们考上大学毕业以后，又回到中学去当教师。

[1]
宁承恩：《轮回教育》，见王文俊：《南开大学校史资料选（1919—1949）》，南开大学出版社 1989 年版，第 754 页。

另一个圈子看起来更高一等，即大学毕业以后出国留学，回国
以后当大学老师，再教学生出国留学，最后学生还是回国当大
学教员。[1]如此周而复始，循环往复，这就是民国时代教育深
陷轮回泥淖的本质。

此文一出，国内教育界一片哗然。中国教育深陷"轮回"
的怪圈已非一日，但是，要么习以为常，见怪不怪，要么语焉
不详，含糊不明，而如此被人一针见血地命中要害，尤其是被
南开大学的一名普通学生抓住死穴，曝晒于阳光之下，其爆炸
冲击力恰如《皇帝的新装》里的那位内心虚弱的皇帝，赤身裸
体走在大街上，突然听到有人大叫一声："这个人根本没穿衣
服"一样，羞愧、愤怒、惊讶、悲伤……

"轮回教育"事件对张伯苓的触动很大，此前他一直致力
于民国教育的本土化，如何将西洋教育中国化，始终是他努力
探索的方向，宁氏的观点代表了他的真实心声，与他的教育观
念不谋而合，这进一步激发了他重新反思教育本土化的问题，
逐渐形成了教育当使得学生与社会接近，培养学生的实际观察
能力和解决问题的能力的观点。

1927 年，张伯苓推进教育改革，强调"以学生为主"，南
开大学教务会议也作出决定，实施了一项重要举措，就是不再
使用美国原版课本，而是要结合实际自行编辑教材。[2]在当时
国内大学普遍照搬移植西方教育制度的现实背景下，张伯苓带
领南开大学开启了西方教育中国化、本土化的先河。

作为本土化的最高成果，1928 年，张伯苓明确提出了"知
中国、服务中国"的教育观，即教育的目的要让学生了解中
国、熟悉中国，并且服务中国："吾认为新南开所抱定之志愿，

[1]
王会晓：《张伯苓高等
教育思想研究》，西南
大学硕士学位论文，
2007 年，第 12 页。

[2]
王会晓：《张伯苓高等
教育思想研究》，西南
大学硕士学位论文，
2007 年，第 13 页。

不外'知中国'、'服务中国'二语。"[1]这标志着张伯苓创办南
开大学形成的本土化、民族化教育体系的最终成形。

1922 年，黄炎培与胡适有一次谈话。黄炎培说："我们信
仰一个学校的表示，是要看我们肯把自己的弟子送进去。"胡
适回答道："老实说，我自己的弟子都叫他们上南开去了。"此
话真伪无从可辨，但是，当时的南开大学已经成为与北大、复
旦齐名的国内最著名的大学之一，这一点是显而易见的。后人
的评价一语道出张伯苓的新学制之后的南开教育精髓：

> 南开在一般学校中办理得最认真而有精神。它之所以
> 有这种精神，就是因为它在教课之外，还相当的注意到学
> 生整个的生活，不肯把学生完全当作书呆子教。[2]

这正是我们今天重温远逝的新学制的现实启示意义。

[1]
王文俊：《南开大学校史
资料选（1919—1949）》，
南开大学出版社 1989
年版，第 39 页。

[2]
梁吉生：《张伯苓与南开
大学》，山西教育出版社
1995 年版，第 32 页。

| 民国教育人物 |

张伯苓：永远的南开校长

张伯苓

知道有中国的，

便知道有个南开。

这不是吹，也不是谤，

真的，天下谁人不知，

南开有个张校长？！[1]

[1]
曹禺、老舍：《张伯苓先生七十大庆》，《大公报》，1946 年 7 月 1 日。

这是 1946 年，美国纽约为张伯苓举办的七十诞辰祝寿会上，南开校友、著名作家老舍和曹禺致诵的祝寿长诗的第一节。诗歌的文字并不华美，但是，质朴纯净的诗句，包蕴了这位南开大学缔造者的丰功伟绩，铭记了张伯苓创办私立学校的教育智慧。

时光倒退回 1894 年，张伯苓以优等第一名的成绩，毕业于天津北洋水师学堂。不久，中日甲午战争爆发，张伯苓在北洋水师服役，亲自参加了对日海战。那场令中国蒙羞的海战，让年轻爱国的张伯苓反思国家溃败的根源，创办新式学校，培养新式人才，变革图强的教育理念日渐形成，愤激之下，毅然退伍，自此投身于教育事业。在他看来，自强之道，全在教育，只有创办新教育，才能造就新人才。

民国的历史从来不缺少为救国而投身教育的热血青年，也不缺少为了创办教育而忍辱负重、埋头苦干的知识分子，但是，如果说在一片贫瘠的荒原上，一夜之间出现了一所新式学校，这是一个令人惊叹的奇迹，那么，更令人惊叹的奇迹往往不是这种从无到有的转变，而是一个沾染浓厚封建习俗的私塾被彻底改造为完全新式的学校。这种"以旧换新"或"旧瓶装新酒"的改造手段，发生在以"江山易改本性难移"历史传统而著称的旧中国，其背后蕴含的绝不仅仅是艰辛和努力，更考验了一个人在教育上的大智慧。

张伯苓创办私立学校南开大学就是"教育史上的奇迹"，而且，"很可能是后人永远无法企及的教育史上的奇迹"！[1]陈平原先生如此称赞南开创造的奇迹：

[1]
陈平原：《中国大学十讲》，复旦大学出版社2002年版，第239页。

> 作为中国最著名的私立大学，"南开之路"非同寻常。如果说二十世纪中国高等教育有什么"奇迹"的话，那么，很可能不是国立北大、清华的"得天独厚"，也不是教会大学燕大、辅仁的"养尊处优"，而是私立学校南开的迅速崛起。从1898年南开中学前身严馆时期的六个学生，发展到1948年的包含大、中、女、小、渝五部，在校生达四千余人的一代名校，南开的发展是"超常规"的。考虑到这几十年间战乱频繁，政治、经济环境相当恶劣，张伯苓竟能开创如此辉煌的事业，后人很难不深表敬佩。[2]

[2]
陈平原：《中国大学十讲》，复旦大学出版社2002年版，第237页。

张伯苓就是这样一个创造民国教育史奇迹的大智者，能够像魔术师一样，在混乱的民国年代，在政治斗争漩涡的天津，在一穷二白的基础上，把旧式封建家馆变成新式学校，而且是一座不媚洋、不媚俗的，完全符合中国本土化、地方化的高等学府，其所创造的奇迹，不是指一座著名高等学府的出现，而是指其出于创新救国宗旨而创办的高校，从封建私塾到日本教育模式，再到美国教育模式，终至本土教育模式的成功探索。

从私塾式的家馆到现代新式大学，张伯苓创办私学的教育观念也悄然发生着改变。

在严氏、王氏家馆教育阶段，张伯苓已经尝试采取新式的教育方法，这使得他的教学方式深受学生欢迎，也因为这个原因，张伯苓很受严氏家馆的主人严修的赏识。但即便如此，严馆和王馆都不可能彻底斩断封建社会私塾教育体制的影响，这也就有了张伯苓仿效日本教育的实践。

日本的新式教育让清末民初的中国教育相形见绌，然而，这种教育观念的优越感并没有维持太长时间，随着张伯苓到美国的学习结束，借鉴日本教育模式也遭到严重冲击，张伯苓意识到日本教育的成功同样是对西方教育的模仿，但是，日本成功地将西方教育本土化，而中国教育对日本的模仿，无论如何都不可能摆脱拾人牙慧的尴尬境地，为此，张伯苓开始了教育观念的根本转变：效法欧美教育，将欧美教育本土化，依据民国时期中国的特殊情况，创办私立学校。

创办私立学校，不容回避的是募集资金难题。当时欧美国家私立学校的募集较之中国简单容易得多。其时，中国军阀割据，政权更迭频繁，战乱四起，天津与北京的特殊地缘关系，使得天津陷入民国政治斗争漩涡的中心，在这样的状况下，张伯苓想让南开大学生存并且发展，不可能照搬美国私立学校的资金筹集模式。张伯苓募集的南开大学的经费中，最重要的来源是官僚政客、军阀豪绅的捐助，例如徐世昌、黎元洪、阎锡山、梁士诒、周自齐、李秀山等，有些军阀政客声名狼藉。据统计，军阀们对南开的捐助，前后共计150多万大洋。对于他们的捐款，许多人担心一旦接受就会让南开大学沾染不良名声，但是，张伯苓的回答极富辩证色彩：美丽的鲜花，不妨是由粪水浇出来的。

问题是如何能够做到用"粪水"浇花而保持鲜花的纯洁和芬芳。张伯苓的教育智慧在于对捐助者的心理和当时社会形势的准确判断。

军阀政客忙于争夺权力，如何肯掏腰包捐助私立学校？这在一般人看来是根本不可能的事情。但是，张伯苓对此有着清醒而精确的认识，因为在他看来，不论谁当政，都不会公然禁止兴办教育，一个争权夺势者，不论他是怎样地作恶，但在得势之后，总希望落得个美名，也想把他的子女送进一个好学校，让他们夸耀自己。

私立学校能否生存完全依靠能否获得更多的资金支持，其中，学费是非常重要的一项。如果学费太低，学校经营就存在问题；如果学费太高，学生又不愿意来上，学校也将无法生存。

当时一个学生的缴费标准是：学费 60 元；宿费 32 元；体育费 3 元；印刷费 2 元；普通预偿费 10 元；膳费每月约 8 元及实验费等他项。旁听生、试读生等上述费用均需加倍。[1] 而当时国立大学，例如北京大学的学费每年仅仅需要 10 元左右，与国立大学比较起来，南开大学是毫无争议的贵族学校，连张伯苓自己也说："吾尝闻人谓本校为贵胄学校，此语诚非过当。"

张伯苓坚持不以学费作为维持大学经营的主要资金，由此避免了大规模扩招增加经济收入而降低教育质量的杀鸡取卵行为。张伯苓既不肯多收学费，广招学生，以增加收入，又不肯多设大班，减轻设备，以省开支；理工各科无论矣，即文商各科，亦必班限其小，课限其勤，以与理工同切实。

这一教育观念是极具长远目光的，虽然短时间内经济问题一直困扰着南开大学，但是南开大学的教育质量得以保证，并且不断提升，最终赢得了巨大的市场，而当时国内与南开同时创办的私立学校众多，"如东北、西南、东南、河北、鄂大及

[1]
马红英：《张伯苓经营大学的理念与实践研究》，陕西师范大学 2007 年版，第 13 页。

[1]
崔国良：《张伯苓教育论
著选》，人民教育出版社
1997 年版，第 101 页。

厦门等，皆耸动一时。而至今除东南、厦门与南开大学三校外，他将成为泡影，或至今尚未实现"[1]。

张伯苓从军阀政客手中募捐，却保持了南开大学办学的独立性，从未出现军阀政客政治干涉南开的情况，南开也不因军阀政客的资助而卑躬屈膝，始终坚持独立科学的教育发展方向。但是，如何维持与官僚政客们之间的关系，必须把握适当的尺度：对待捐助者太宽松，则容易影响南开大学声誉；对待他们太严厉，则无法从他们那里募捐银子。张伯苓的经验是不拿学校做交易，而是适当给予捐助者回报。例如，黎元洪的儿子黎绍基，没有入学，却发给了南开大学的文凭；军阀刘镇华的侄子留级数次，最终也发给了文凭。但是，这些军阀政客都是长期捐助学校的人，张伯苓为他们开后门，一方面固然出于无奈，另一方面，也是对这些长期捐助者的回报。而对于那些并非长期捐助者却想通过金钱交易文凭的，他则坚决说不，这就避免了捐助交易文凭的泛滥。

故作清高者往往骨子里都是污浊，真正的高尚并非与铜臭之气绝缘，"出污泥而不染"才是最令人敬佩的高尚。张伯苓将这一古代儒家修身至高标准用于私立教育创办上，且成就了后来的南开大学，这种经验是特别值得今天市场经济条件下的高校解决社会捐助问题吸收和借鉴的。

1922 年，新学制通令全国之后，张伯苓的本土化教育改革也进入了"深水区"，他在两个方面获得了实质性的进展：一是注重对学生实际应用、创新能力的培养，让学生融入现实社会，另一个则是"新道德"教育。

张伯苓深谙中国教育割裂社会、学生学习普遍脱离社会现实的弊端，为此，南开大学在课程设置上，注重中国现实问题和学生实际能力的培养，密切学生和社会的联系。南开大学专门开设了研究中国现实问题的课程，学校相继建立了专门针对中国社会现实问题的东北研究会、经济研究所和应用化学所三个解决社会实际问题的研究机构。这种针对中国现实问题而设置的研究机构，在国内大学是独树一帜的。学校还专门成立了社会观察委员会，制定六项社会观察目标培养学生实际观察力。即使对于演讲，他也注重培养学生解决实际问题的能力，而不让演讲流于空谈，每次演讲时，均由学校设法约请专门研究以上各种问题之人，作简明介绍，使学生对于此种问题，皆有相当之常识和了解，并由此引起他们研究各种问题的兴趣与欲望。[1]

"位我上者，灿烂星空；道德律令，在我心中。"这是世界最伟大的哲学大师康德的经典名言。能够与大自然一样永恒的道德，始终不会因新旧社会的涤荡而失去金属般的光泽。张伯苓的"新道德"教育总会令人想起西方哲学大师的道德律令。

发展教育的目的是为了培养人才，而人才必不可缺少新道德。张伯苓的新教育并没有把知识放在第一位，取而代之的是"新道德"。

那么，张伯苓的"新道德"指的是什么呢？ 1919 年 12 月，张伯苓在"修身班"讲演时指出：

> 今因于社会进步上着想，吾等当另定道德标准，谓"凡人能于社会公共事业，尽力愈大者，其道德愈高。否则，无道德可言。易言之，即凡于社会上有效劳之能力者，Social efficiency 则有道德，否则无道德。"[2]

[1]
梁吉生：《张伯苓教育思想研究》，辽宁教育出版社 1994 年版，第63 页。

[2]
崔国良：《张伯苓教育论著选》，人民教育出版社 1997 年版，第 70 页。

这就是张伯苓的新道德教育的内容：既不是空洞的抽象的封建社会道德观念，也不是纯粹个体的修身养性，而是以国家利益、集体利益为重的现实社会责任感。

张伯苓在南开全面推行的新道德教育，还具体落实到了学生的日常生活行为准则上。当时的南开规定：学生严禁吸食鸦片、酗酒、嫖娼、赌博和早婚，违反者一律开除。每周三下午有修身课，周六下午有全校大会操。要求学生时刻精神饱满，生气勃勃。为了让学生养成良好的道德习惯，他在教室楼门侧立巨镜一面，镜铭曰：面必净，发必理，衣必整，纽必结；头容正，肩容平，胸容宽，背容直；气象勿傲、勿暴、勿怠；颜色宜和、宜静、宜庄。

为了教育学生养成节俭美德，张伯苓以身作则，体现"正人者，必先正己，要教育学生，必先教育自己"的教育准则。据资料记载，张伯苓每次外出北京，都坐三等火车，所住的地方是前门施家胡同的北京旅店，旅店费用较之其他旅店价格十分低廉，如此节约美德自然影响身边同事和学生，乃至南开大学初期就养成了节俭校风。只要晚上明月当空，校工们就自觉关闭路灯，以节省用电。这在当时国内大学实属罕见。

据说，有一次上修身课，张伯苓看见一个学生手指被烟熏得焦黄，便指着他说：看你，把手熏得那么黄！吸烟对青年人的身体有害，你应该戒掉它。不想学生竟答：您不是也吸烟吗，怎么说我呢？学生此语令张伯苓深为震动，他立刻叫来校工，将自己所存吕宋烟全部取来，当众销毁。校工惜之，张伯苓说：不如此，不能表示我的决心，从此今后我与诸同学共同戒烟。此后，南开在校生再无吸烟者，张伯苓也终生未再吸烟。

英国牛津大学校长科林·卢卡斯曾说：

大学的使命是探究人类物理世界到精神世界发展的历史。大学从事的是人的教育，它不同于简单的教学。大学应该培养学生判断事物的能力，独立思考的能力，培养成功者必须的社会和个人品质。[1]

[1]

杨建平：《高校德育与
促进人的全面发展》，
《江苏高教》2003 年第
6 期。

作为世界第一流大学，牛津大学的高端教育一直令国人艳羡不已。虽然目前国内尚没有一所大学能与之相比，但是，如果我们细细品味民国教育家张伯苓先生的教育理念，我们就不会对此自惭形秽，因为早在 20 世纪 20 年代，张伯苓的教育理念与之相比并无二致。

历史上的张伯苓，留给后人的还有另外一个重要角色：中国奥运第一人。

1919 年，五四新文化运动席卷全国。1927 年，国共合作破裂，国内大革命失败。不足十年的时间，国内政治风起云涌，沉浮不定，这注定是一个令人唏嘘的乱世。乱世之中，群氓可以迷惑不知所往，但是，知识分子呢？他们需要在历史的歧路口为群氓找到正确的方向。张伯苓在这段混乱不堪的历史岁月中，能够穿透历史迷雾，为中国体育教育找到通往世界奥林匹克之路，由此被称为"中国奥运第一人"。

1907 年 10 月，在天津基督教青年会礼堂举行的天津第五届学校运动会上颁奖仪式上，张伯苓以《雅典的奥运会》为题发表演说，明确表达了中国参加国际奥林匹克运动会的愿望。研究者指出，张伯苓是历史上明确提出中国要参加奥运会，并提出一些措施来实现这一主张的第一个中国人。

张伯苓的体育教育探索早在主持严氏家馆时期就显示出来，他在家庭私塾式的学馆里面设置了体育课程，为学生讲授和陪同练习足球、骑自行车等当时新式体育，由于体育器械缺乏，他就带领学生自己动手制作体育器材。例如，在让学生跳高的时候，他就在院子里放两张椅子，架上一根竹竿，然后让学生把辫子盘在头顶上，撩起长袍的前襟开始练习。这种新式的体育活动在当时被认为是耳目一新的罕见之举。

为了实现他的中国体育走向奥林匹克大家庭之梦，张伯苓在体育教育上进行了精心的探索，他的体育教育理念是实现全民体育教育思想，体育教育常态化、全民化。针对国内学校体育教学非全民化的不良倾向，张伯苓认为少数学生运动技术固然应该提高，但是，全体学生的身体锻炼，更应该注意。也就是说，一个民族想在奥林匹克体育运动中能够走得更远，绝不可以仅仅依靠少数精英运动员，体育强国是建立在全民体育教育的基础上的。

遗憾的是，这种体育全民化的教育思想，一直到今天仍然没有引起我国大学体育教育的重视。学者研究揭示，2008年北京奥运会上，中国虽然以 51 枚金牌数远超美国的 36 枚。但是，相比之下，中国大部分都是专业运动员，而美国大部分则是大学生，仅美国斯坦福大学、加州大学和密西根大学就有120 人参加，这三所学校的运动员共获得 22 枚金牌，占美国金牌总数的近三分之二。[1]

相比之下，我国的金牌绝大多数是通过专业运动员获取的，获得金牌的大学生微乎其微，这暴露了我国体育运动与高校的脱节，尤其是体育运动仍然没有实现常态化、全民化的目标。而《中国教育报》的报道，更道出了我国体育教育失去全民化的危险：教育部联合国家体育总局等单位对 1985—2005 年的青少年健康状况开展普查工作，调查结果显示，我国青少年体能素质在 1995 年之后下降幅度增大，学生肺活量下降明显，

[1]
廖晓琪：《应当特别重视和发展学校体育》，《中国教育报》，2008年 12 月 4 日。

超重肥胖学生比例迅速增加，视力不良率初中为58%，高中为76%，大学生达83%。[1] 看来，我们真的到了不得不认真反思张伯苓先生的体育教育思想的时候了。

[1]
廖晓琪：《应当特别重视和发展学校体育》，《中国教育报》，2008年12月4日。

体育教育全民化，还需要冲破男女教育不平等的现实，恢复女子与男子平等的体育教育地位和尊严，这也是奥林匹克体育最终发展的目标和方向。张伯苓倡导的女子体育教育，开启了民国时期女子参加体育运动风气之先河。

1902年，张伯苓在严氏家馆任教期间就开始尝试女子体育教育。1923年秋天，南开女中正式成立，张伯苓把体育教育运用于女子教育上，专门聘请了体育教员到女中任职。1924年，"中华全国体育协进会"成立，张伯苓担任名誉会长，此后多年长期担任主要领导成员，积极推进全国体育运动会，并且按照国际规范进行训练与比赛，为中国体育与国际奥运会接轨起到了至关重要的作用。

1926年11月，张伯苓为上海两江女子体育师范学校建校四周年题词："强我种族，体育为先，平均男女，促进健全。"在张伯苓的女子体育教育积极推动下，女子田径、篮球、排球、网球等被列为1930年4月举办的第四届全国运动会的正式比赛项目。张伯苓在这场体育教育中，成功地完成了重视体育到女子体育再到全国体育的"三级跳"，这在整个民国时代体育教育史上是无人比肩的。

1951年2月23日，张伯苓病逝于天津，他在遗嘱中尚不忘嘱托后人：

凡余所尝致力而未逮之科学教育，健康教育，爱国教

① 崔国良:《张伯苓教育论
著选》，人民教育出版社
1997 年版，第 340 页。

育，以允公允能，日新月异，与我同学共勉者，今将在人
民政府之下，一一见诸实施。[1]

如今，中国已经成为奥林匹克大家庭中的一员，而且是
举足轻重的一员，而中国体育事业的进步和成就也算是圆了
张伯苓先生一百年前的梦想。国际奥委会主席罗格曾这样说：
2008 年 8 月，北京与全中国人民将邀请世界各国人民欢聚一
堂，共同庆贺奥林匹克盛事。这个首次在北京举办的盛会，将
圆一个中国人——张伯苓先生一个世纪以前表达的梦想，那就
是看到他的祖国成为奥林匹克事业的一部分。

参加奥林匹克之梦虽然圆了，但是，这并不等于实现了张
伯苓体育教育思想的目标。在某种意义上，如果仅仅把参加奥
运会作为张伯苓体育教育思想的目的，其实在误解和扭曲这位
教育家的本旨。张伯苓的体育教育思想核心理念并不在于中国
参加奥运会，而是如何通过体育提升国民身体素质、健全人格、
增强民族团结和凝聚力，让体育全面化而不是专业化。也就是
说，奥运会上获得多少金牌并不是最重要的，我国国民如何能
够通过体育教育获得从生理到心理的提升，才是我们最应关切
与思考的，而这无疑任重道远。

【二】
1925年：职业教育的洪流

辛亥革命之后，中国民族资本获得了喘息机会，企业经济呈现出上升趋势。经济的发展，需要大批职业技术劳动力，而当时的国内学校培养的技术人员远远满足不了需求，根本原因在于当时国内教育在职业教育上仍然非常落后。特别是新学制颁布之前的国内中学，四年制的中学教育模式，根本不可能为学生提供充裕的职业技能训练时间。这样的学生毕业之后，必然与社会现实所需之间存在一层厚厚的隔膜。

社会急需大量工商业人才，而学校现行教育体制根本无法造就这样的人才，本应该乘同一条船的工商业和学校教育却成了陌路人。国家积贫积弱，能够获得中学教育已经不易，但是，当时青年学生从学校毕业即失业的状况触目惊心，受过高等教育后仍然失业的亦充斥街头、屡见不鲜。他们成为当时游荡在社会上毫无一技之长的"高等游民"，黄炎培曾以"比比皆是"来形容失业学生之多。

当时社会上也有一部分实业学校，也不过是在原有课程之外，再加上数册农业、商业教科书而已。即使如此，实业学校的毕业生也不肯从事下层工作，"毕业于学校，失业于社会"，成了当时学生就业状况的真实写照。这部分人的饭碗问题不解决，既是对他们接受的宝贵教育资源的巨大浪费，更是中国教育脱离现实社会误入歧途的明证。如此严重的社会问题，引发了蔡元培先生的极大忧虑。1916年，蔡元培在江苏教育会演讲"中国教育界之恐慌及其救济方法"，他在演讲中一针见血地指出当前教育界的一切恐慌问题，归根结底都来自于毕业生在社会上的毫无出路。

如此严峻的社会问题，总需要有人来解决。黄炎培、陶行知、张謇等人，在时代洪流面前，走到了职业教育的前沿。

黄炎培，1878 年生于江苏川沙县（今上海市）城关镇，他在整个民国职业教育运动史上处于执牛耳之地位，民国时期最系统的职业教育思想，最广泛的职业教育学校创办，都是他一手缔造的。1907 年，黄炎培在家乡川沙创办了浦东中学，自任校长。该校在创办之始就以教育学生掌握实用技能为目标，当时国内实用教育最著名的学校是张伯苓在天津创办的南开，经过短短几年的发展，黄炎培的浦东中学已经发展成为与南开中学齐名的学校，国内时有"北南开，南浦东"之美誉。1914 年，因为不愿意为江苏督军张勋的母亲祝寿，黄炎培辞去了江苏省教育司司长职务，深入民间考察教育现状，逐渐形成了一套完整的职业教育思想体系。

黄炎培

早在 1913 年，黄炎培即在《教育杂志》发表《学校教育采用实用主义之商榷》一文，倡导实用主义教育，实际上奠定了其以后职业教育的思想基础。对于当时国内教育的乱象，黄炎培在一次讲话中说：

中国读书人，顶怕用手，除掉写字和穿衣吃饭上茅厕以外，简直像天没有给他生出两手似的。在糊里糊涂中，把社会分做两下：一是号称士大夫，是死读书老不用手的；一是劳动者，是死用手老不读书的。好罢，吾们来矫正一下。要使动手的读书，读书的动手。把读书和做工两个并起家来。要使人们明了，世界文明是人类手和脑两部分联合产生出来的。[1]

与此同时，大洋彼岸的美国社会给民国教育家们上了刻骨铭心的一课。1915 年，中国实业界组团考察美国，就在这个考察团中，后来成为职业教育领袖的黄炎培以随团记者的身份出访。在美国考察的数月里，美国教育服务社会的模式给中国考察团成员带来巨大的震撼。尤其是黄炎培，对美国 25 个城市的 52 所各级各类学校均进行了详细的考察，在专门采访了爱迪生之后，他对美国科技的发达产生了由衷的敬佩之情，这促使考察团反思国内实业教育的陈腐和滞后，强烈的民族自尊心和社会责任感也激发了他对国内职业教育改革的热情。美国考察之后，他感慨万千，深切体会到不能不以职业教育为方今之急务。此时的他，已经迫不及待地想在国内实施职业教育了。

两年之后，黄炎培受到教育部委托，考察日本和菲律宾。这次考察对于黄炎培而言，可谓别有一番滋味在心头。中国毕竟与美国在地缘上相距甚远，科技严重滞后于美国倒也不易伤了国民自尊，日本和菲律宾则完全不同，这两个国家都曾像中国一样备受西方列强侵略，也都在效仿西方国家推行社会教育改革，姑且不说日本在迅速崛起为东方强国，就连一向落后的

[1]
黄炎培：《职业教育该怎么办》，见李笑贤、田正平：《黄炎培教育论著选》，人民教育出版社1993 年版，第 261 页。

菲律宾也能够因为推行职业教育，社会状况大为改观，所谓市无游民，道无行乞，国多藏富之源，民有乐生之感。这种状况大大刺激了民国教育家们的自尊心，职业教育改革已经成为教育家们救国图存的良方，他们高呼"提倡爱国之根本在职业教育"，把职业教育推向全国已经箭在弦上不得不发。

1917 年 5 月，由黄炎培发起、联络全国各界知名人士蔡元培、梁启超、张謇、张伯苓、蒋梦麟、严修等社会各界名流共 48 人，成立了中华职业教育社，并发表《中华职业教育宣言书》，这在学界被认为是黄炎培个人职业教育思想形成的标志。第二年，黄炎培在上海一片蔓草丛生的贫民区——陆家浜，创办了著名的中华职业学校，把多年来形成的职业教育思想理论运用于实践活动，提出了"劳工神圣"和"双手万能"的口号，黄炎培别出心裁地设计以"双手万能"作为该校校徽。这所职业学校实行全日制职业教育，工科、商科分为初级、高级两级制，学生学习年限为 3 年。除工、商科之外，另设置五年一贯制，初级、高级共 5 年。学校各科设置课程全部分为三类：一是职业专门学科，二是职业基本学科，三是普通学科。学习课程特别强调基本职业技能的训练，实习课程占据较大比重。中华职业学校从创办到新中国成立前，毕业生达到 8000 多人，这对推动当时国内的职业教育发展起到了中流砥柱的作用。

中华职业教育社成立之后，国内掀起职业教育高潮。1922 年，新学制确立了职业教育的地位，按照规定，实业学校正式更名为职业学校，所有小学都增设职业准备教育，初中开设职业科目，高中实行农、工、商等职业专科，大学以及职业专门学校开设专修科目。有了新学制的保障，职业教育在国内的普及获得了巨大进展。1918 年，全国共有职业学校 531 所；到了 1921 年，全国增至 719 所；仅仅一年以后，全国职业学校已经增至 1209 所；到了 1926 年，中国职业教育达到了最高峰。

女子职业教育发展状况也许可以更好地为我们透视当时国内职业教育的成就。1918 年，教育部明确表态，表示支持女子职业教育，并且先后两次下令各省女子中学设立简易职业科，不过此时教育部对女子职业教育仍然是"注重家事实习"。所谓的职业教育不过是中国妇女在家庭中普遍从事的烹饪、缝纫、卫生等等日常生活技能训练，而并非社会职业技能教育。

到了1922年，全国职业学校联合会第一届年会通过了"女子职业学校学科设置标准"和《推广女子职业教育案》，会上特意督促全国各地尽快增设女子职业学校，女子职业教育终于结束了散乱的民间自发状态，正式纳入官方教育体系，一场由教育部领导并且督促的女子职业教育运动，迅速发展成为职业教育运动中的一大亮点。

据统计，1917年前，全国职业学校中的女学生人数为1866人；到了1923年，全国甲种实业学校的20360名学生中，女生人数为1452，比例为7.13%，全国乙种职业学校的20647名学生中，女生人数为1757人，比例为8.58%；到了1927年，全国中等职业学校男女学生总数为39647人，其中女生10923人，比例高达27.55%，其中，京师女子在实业学校中所占的比例更是高达56.09%。[1]

以城市女子职业发展而言，长沙从1914年到1919年之间，女子职业教育几乎没有一所新学校产生，但是，到了1919年之后，气象全新，其发展速度甚至超过了男子职业教育。在1922年至1923年间，湖南乙种实业学校女生占全校学生比例高达34.41%，位于全国第3位。如此蓬勃热闹场景，毛泽东曾称赞为："气象一新，教育界颇得蓬勃之象。"[2]无数从家庭走到学校接受先进教育的中国妇女，在觉醒之后，又掀起了当时国内的女子解放运动。在强大的压力之下，开放

[1]
中华教育改进社编：《中国教育统计概览》，上海商务印书馆1924年版，第35—53页。

[2]
周秋光、莫志斌：《湖南教育史》（第二卷），岳麓书社2002年版，第264页。

女禁，实现男女同校，已经成为顺应妇女解放潮流不得不采取的举措。仅仅在1927 年一年，湖南省教育厅就下发数文，通令改良女子教育，推行省立高级中学男女同校。

女子职业教育为女性赢得了劳动就业上的机会。20 世纪 20 年代末，服务性行业为女性提供了众多职位，妇女在社会上就业成为潮流。1926 年，《生活》杂志进行了一项专门的调查研究，结果显示，当时国内妇女就业职位，最高如政党领袖，次如大中小学之教员，再次如农工商各界职工，无不可见妇女侧身其中。

1923 年 2 月，万国丝绸博览会在美国纽约召开。中国政府代表团携带的河北女子职业学校创作的丝绸品引起众多与会者的关注，国内代表声称"该校出品最为优越，受到美邦人士赞许"。会后，应美国纽特博物馆人员请求，中国代表团把这些由女子职业学校制作的所有蚕丝品赠送给该院。这件事在当时国内引起巨大轰动，女子职业学校的成就表明了国内职业教育已经发展成熟。

1917 年，中华职业教育社创办不久，由该社自己创办的教育杂志《教育与职业》正式向全国发行。许多拿到这份杂志第一册的读者，立即被这份杂志的新鲜的封面所吸引，该杂志的封面上是一个稚嫩的孩子正在画饭具。这幅绘画把职业教育复杂而深刻的宗旨通俗地表达了出来：职业教育致力于解决教育与社会的脱节问题，为毕业学生就业饭碗寻找出路，力图实现"无业者有业，有业者乐业"，这也成为当时职业教育的一面旗帜。

不过，这一教育主张一度遭到误解、扭曲，职业教育对学生生计问题而并非传统的仕途问题的关注，引起封建教育卫道士们的激烈反抗。一大批思想保守者攻击职业教育就是"唉饭教育"、"饭桶教育"，曲解这种教育的宗旨是"职业就是混饭碗"，甚至有人公然骂黄炎培是"文化之贼"。职业教育家们对菲律宾职业教育成功经验的宣传，更是引起国内部分人的愤恨，他们直接宣称黄炎培等人的职业教育就是一种让泱泱大国重新回到落后民族的"奴隶教育"。

1917 年，黄炎培在《教育与职业》杂志上发表《职业教育谈》一文，在这篇文章中，他指出了教育就是"为个人谋生之准备"，当然，这种为个人谋生并非是纯粹是为了个人的苟活，而是为将来从事更远大的社会事业做基础："苟并个人生活之力而不具，而尚与言精神事业乎？而尚与言社会事业乎？"黄炎培声称倡导职业教育的宗旨有三：一是为个人谋生之准备；二是为个人服务社会之准备；三是为世界、国家增进生产力之准备。

这正应了中国古人说的那句话：一屋不扫，何以扫天下？一句话，教育首先需要解决人的饭碗问题，这种务实的教育宗旨与此前盛行千年的传统读书取仕教育截然不同。万般皆下品，唯有读书高。读书就是为了进入仕途，这种观念已经深入人心。虽然做官也是为了解决人的生存问题，但是，在光鲜华丽的官服包裹之下，在光宗耀祖的仕宦前途诱惑之下，读书取仕的世俗性被严重遮蔽，相比之下，当黄炎培提出读书是为了解决吃饭问题，在众人眼中无异于洪水猛兽来袭，唯恐避之而不及。当时许多人对之嘲笑讥讽，把黄炎培的职业教育理念称为"饭桶教育"，也就不足为怪了。

生于乱世的教育总会背负过于沉重的救亡重任。民国的教育进入 20 年代，这种沉重的历史担当越发明显。黄炎培试图通过职业教育解决民众的生存问题，不过这并非职业教育的终极目标，也并非黄炎培职业教育全部所愿。他同那个时代无数的教育家一样，不得不从一开始就背负起沉重的救亡图存之历史使命。遗憾的是，黄炎培的这一教育主旨常常被后人忽视。如果说黄炎培致力于解决民生问题，是对当时国内现实困境的无奈选择，那么，"有业者乐业"则是对"无业者有业"的超越，在这个职业教育的理想王国里，黄炎培为我们描述的是国民乐于奉献、热爱工作的动人图景，他们工作不是为了解决吃饭问题，而是为了人生价值的提高。多年以后，黄炎培回顾为之奋斗了 30 余年的职业教育生涯之时，坚称"有业者乐业"是职业教育的终极目标。

1925 年 12 月，职业教育的领袖人物黄炎培提出了"大职业教育主义"理论，民国职业教育家们对职业教育的思想观念由此进入了一个更为深刻的阶段，教育实践活动也更具有现实性和针对性。

所谓的"大职业教育"就是倡导、创办职业教育的，同时需要热情关注全社会的运动，保持和一切教育界、职业界的沟通和联系，一言以蔽之，不要把职业教育办成一种狭隘的职业内部运动，而是放眼整个社会和职业，让职业教育成为面向、辐射全社会的教育。这个教育观念在此后的农村实验区创办以及女子职业教育上均得到了落实。

1926 年，晏阳初带领无数知识分子，在中国北方河北定县展开轰轰烈烈的定县实验的时候，数千里之外的江苏昆山徐公桥，中华职业教育社与其他几个单位也在筹办农村改进实验区。由于经费问题，最初参加该实验区的其他几个单位在第二年就纷纷撤出，昆山徐公桥实验区在被迫停办了一段时间之后，中华职教社独自承担了创办实验区的任务。

在实验区内，小学教育和成人教育得到强化。实验区开办之前，该地区只有两所小学，学校办学经费紧张，经过职教社与昆山县政府部门的协调，增设了 4 所小学，学龄儿童入学率明显提高。为了让农民提高劳动职业技能，职教社专门开办夜校、家庭识字处、读书室、问字处等机构和场所，向农民宣传职业教育培训的重要，积极吸收农民参加学习。中华职业教育社成员还纷纷深入乡村的田间地头，向农民传授先进的种植技术，教育农民使用新式农具，培训乡村人才。在半年多的时间里，实验区内就建造了数十座桥梁，还专门建设了墓地、公共医疗所、公园、体育场，对公共厕所、垃圾箱、路灯等公共设施也进行了更新。

昆山徐公桥实验区的开办，在当时得到了许多职业教育家们的拥护和支持，南京晓庄师范学校的陶行知在 1928 年与职教社合作，在嘉定开办了农艺合作社。此后，职教社在江浙地区的广大乡村，连续创办了江苏吴县善人桥农村改进区、沪西园场和劳教农场、浙江小溪口农村改进区，等等，即使在抗争爆发以后，职教社也一直坚持在乡村开办教育实验区，显示了其对职业教育救国的坚定信念。

　　"大职业教育"把职业技能训练从学校延伸到社会，主张职业教育分出一部分精力参与到全社会的运动洪流中去。根据大职业教育主义原则，黄炎培在国内城市中创办了众多职业补习学校、函授学校，让更多的普通城市平民接受职业教育。为了让更多的人接受职业教育，黄炎培还在乡村开办了改进实验区，把贫民追求物质生活资料的富有与教育结合起来，真正把职业教育变为一种谋生之外还能够提高人的综合素质的教育。

　　1920 年，已经成为国内职业教育领袖人物的黄炎培前往南通，此行的重要目的是专程拜访张謇、韩紫石，商谈国事以及江苏教育问题。此时的江苏职业教育，因为张謇在南通的杰出成就而成为国内关注的焦点。

张　謇

　　张謇（1853—1926），字季直，号啬庵，江苏南通海门人。我国近代著名教育家、实业家，清朝最后一名状元。1868 年，15 岁的张謇开始第一次踏上封建科举考试的漫长道路。1894 年，41 岁的张謇终于考中状元，授翰林院修撰。

虽然张謇如愿考取状元，但身处乱世中国，注定了他的状元人生无法沿袭"文死谏"的封建忠臣孝子，他把主要精力投入实业救国，历任江苏商务局总理、商务头等顾问、江苏省铁路公司协理、江苏两淮盐政总理、导淮督办、农商部总长及全国水利局总裁，涉足领域遍及城市规划、教育、社会福利保障、农业水利、纺织工业、运输交通、文化艺术、电话设施，等等，其贡献在中国近现代历史上堪称传奇。后人指出，在近代中国，我们很难发现另外一个人在另外一个县办成这么多事业，并且对全国产生这么深刻的影响。

早在黄炎培等人在国内大声疾呼职业教育救国之前，眼光长远的张謇已经开始了实业救国的探索，他在当时积极兴办师范教育，在具体教育过程中特别注重职业技能训练，这在当时的中国是绝无仅有的。在 1902 年和 1906 年，张謇捐资先后创建了通州民立师范学校、女子师范学校，如皋县设立公立简易师范学堂。

为了让师范学校的学生能够得到更好的职业技能训练，张謇专门创办了南通博物苑。1904 年，张謇在师范学校以西购买土地 30 多亩，最初是作为公共植物园，里面广植树木，饲养珍禽走兽，还有风车、水塔、假山、荷池、藤棚等园林设施。教育与实践技能的结合，终于成就了著名的南通博物苑。

1905 年，张謇在此基础上建成南通博物苑。博物苑门前有他亲手书写的木刻对联："设为庠序学校以教，多识鸟兽草木之名"，显示了创办该苑的目的在于对国民科学技术的启蒙。博物苑的主要建筑包括中馆、南馆、北馆。中馆是其最早的建筑，为三间平房，最初称为测候所，曾作为观测气象所用，屋顶原是平台，上面有观测仪器，可以预报每天的天气，是我国较早出现的小型气象站。后加建气楼，改造为碑帖陈列室。南馆又名博物楼，是博物苑主要的陈列室，为仿照英式建筑的二层楼房，平面呈十字形，顶部四周砌有城垛装饰，楼上陈列历史文物，楼下为动、植、矿物标本。整个馆藏分别展出天产、历史、美术、教育四部文物。

南通博物苑一时间名噪国内，国内外中国名流争相来此参观游览。1920 年，艺术家梅兰芳、美国哲学家杜威博士均来此参观。1922 年 8 月，中国科学社在南通博物苑召开第七次年会，梁启超、杨杏佛、竺可桢、陶行知等人到会参加，亦到此一游。

与一般的实业家捐资办学不同，张謇的职业教育思想在 20 年代之前就有了实业教育救国的深刻认识，到了 20 年代国内职业教育洪流汹涌之时，已经不再是孤立地创办职业教育学校，而是形成了一个完善的西方现代职业教育的体系，从幼儿园到大学，张謇真正做到了为地方教育实现与西方现代教育的接轨，形成了一个以职业技能实用教育为主、体系完备的教育体系。在张謇的推动下，1926年，南通有初级小学 329 所，在校学生 1.94 万人；完全小学计 21 所，在校学生 4022 人。中学教育，自 1909 年通海五属公立中学开校，到 1926 年，南通开办了私立竞化初级中学、公立初级中学、私立敬孺中学，在南通甲种商业学校、县立女子师范、私立通州师范开设初中部。高等教育，有私立南通医学专门学校、南通农科大学、南通纺织专门学校。

农业、医学、纺织等职业学校的开办，为南通地方实业提供了直接的人力资源，特别是南通的纺织业，在当时一枝独秀，乃至到了今天仍然是南通工业发展的品牌和支柱，这与当时学校特别重视职业技能培训是分不开的。张謇根据地方实际情况创办职业教育的思想，是当时职业教育本土化、民族化的最高成就。

张謇的职业教育观念非常开放，已经完全溢出了黄炎培职业教育的专业化、技能化的范畴，向文化领域渗透。由他实践的职业教育几乎涉及了当时文化领域的各个方面，除了上述农、工、医等职业学校以外，张謇先后设立法政讲习所、地方自治研究所、巡警教所、监狱学传习所、女工传习所、女子蚕桑讲习所、伶工学社等，形成一个覆盖极广的实业教育体系。其中，最著名的就是南通女工传习所和南通博物苑。

南通女工传习所创办于 1914 年，这是一所刺绣专门学校。就在这所刺绣职业教育所开课之时，学生们很激动地看到了张謇专门聘请来主持工作的清末民初著名刺绣大师沈寿。沈寿晚号"雪宧"，她的传世之作《雪宧绣谱》论述了刺绣的工具、针法、程序、姿势以及与绘画的关系等，是我国刺绣史上的一部宝典。

南通女工传习所刺绣科学员在上课

南通女工传习所第一期只招了20多人，学员多为南通本地女子。两年之后，不仅南通本地和江苏省内的女子报名人数骤增，许多外省女子也纷纷前来学习。传习所以刺绣专业教育为主，附设编制杞柳、麦秆、织花、发网等女子职业技能训练。除了专业技能训练课程之外，传习所还开设了国画、书法、音乐、国文等文化艺术课程。此前尊奉"女子无才便是德"陈旧观念的半封建、半殖民地中国女性，终于在劳动职业上获得了与男人平等的地位。她们在幽静的学校里学习、读书，其绣品不仅销往国内各地，在国际市场上也获得了很好的声誉。国外的富商为了收购这一中国传统工艺作品，常常不惜重金。据说，沈寿的丈夫余觉在1915年参加"巴拿马万国博览会"之后，曾对著名画家颜文梁说，国外准备订购40万美元的绣品。这个职业学校创办的价值，在于不仅教授了部分女工就业的技能，更传承了传统文化的国粹，将职业技能的范围扩大到了文化传承的保护，这种眼光绝不是一般实业家、职业教育家所能企及的。

职业教育致力于解决人的就业吃饭问题，教育的对象不仅仅是在校的学生、普通的市民，还有被社会边缘化的流浪者、失足妇女。张謇的职业教育真正做到了渗入到社会的每个角落，把黄炎培倡导的职业教育彻底落实到了社会的现实层面。

张謇为了收留大量社会流浪顽劣儿童、游民及乞丐，专门开设了"恶童感化院"、"游民习艺所"、"栖流所"。在男尊女卑的封建社会下，张謇还开设了专门收容女子的济良所。所有这些，为南通地区的慈善等社会公益事业的发展做出了巨大的贡献。张謇不再单纯地沿袭旧社会下的慈善施舍和救济，而是把慈善事业作为整个社会良性运行和协调发展系统工程中一个不可或缺的环节来实现，在南通首开慈善与教育学习结合的先河。这样既开拓了教育学习的领域，同时，亦将慈善从单纯的物质施舍转变为一种自力更生的技能培养和精神教育。张謇向收留的儿童和游民提供衣食的同时，也传授其皮革、织布、雕刻、缝纫等基本的手工艺技术，对乞丐则是传授"口作粗工"，务必使乞丐"习有小艺"。在济良所内，则对妇女进行文化知识、伦理道德和家政教育。因此，在学界有人把近代南通看作是"一个幼有所教、老有所养、贫有所抚、病有所医的社会"。后人统计，张謇和他的兄弟、朋友在南通共创办了 25 所学校和其他一些文化事业。

职业教育在 20 年代教育界的影响力，学界一度认为，中国近现代各种教育思想在实际上之影响，无有出乎职业教育思想之外者。不幸的是，混乱的政局、凋敝的经济、腐朽的制度，严重制约了当时职业教育的发展。在经历了风风火火的 20 年代中期以后，职业教育在登峰造极的 1926 年开始盛极而衰，到了 1929 年，全国职业学校仅存 149 所，不仅与此前数千所的数字相距甚远，甚至不如清代末年光绪年间的发展，就连黄炎培亲自创办的中华职业学校也陷入困顿。1922 年，中华职业学校办学经费严重亏损，不得不变卖工场，到了 1925 年，中华职业学校毕业生仅仅 53 人，而且，这些毕业生面临失业的尴尬处境，最终黄炎培亲自出面做工作，找到工作的毕业生也仅五六人。

同样，南通张謇为了创办职业教育，已经耗尽家财、负债累累。1925 年，张謇及其兄弟为此花费的白银高达 350 多万银元，占据了其企业资产的七分之一，而张謇因此负债近 90 万元。一生节约勤俭的张謇，终于在 1926 年走完了辉煌而艰难的人生之路，身无分文、清白地离开人间。"文革"期间，南通市造反派以"破四旧"为名，掘开张謇墓地。这位生前创办中国近代第一工业的显赫人物，陪葬品却只有一顶礼帽、一副眼镜、一把折扇，另有两个装着张謇胎发和牙齿的金属小盒。张謇的亲属墓中也没有发现任何值钱的陪葬物品。致力于解决就业问题的职业学校，最终沦落到无职业可做，此时的民国职业教育已经走到了末路。

黄炎培、张謇等人职业教育救国的思想，很容易让我们想起这样一个历史典故：当年曾国藩带领军队和太平军在南京作战，在燕子矶视察的时候，他手下的一位将军看见沿着长江逆流而上的外国轮船，大叫一声"这个世界真的变了"，就立刻昏厥倒地。多少年来，我们一直感慨，在昏庸腐败的清朝政府中居然还有人眼光如此敏锐。事实上，整个 20 世纪 20 年代职业教育的领袖黄炎培、张謇，也早早地感觉到"这个世界真的变了"，也因为这个原因，他们坚定地推行了职业教育。

从黄炎培倡导职业教育，到今天已近百年，职业教育致力于解决的社会与教育之间脱节的鸿沟也在逐渐缝合，但是，伤口的缝合仍然会有阵痛，甚至到了今天，我们也不得不面临"人才过剩"与"人才短缺"同时并存的尴尬。究其原因，我们的教育仍然存在着"社会是社会，教育是教育"的弊病。

| 民国教育人物 |

王国维：超越滚滚红尘的诗意

王国维

1927 年 6 月 2 日，民国时期一个再平常不过的日子，北京颐和园门口，一辆人力车到此停下来，一位身材不高、面孔瘦小、脑后拖着辫子的老人下车后径直步行到昆明湖边。他来到排云殿西鱼藻轩前，徘徊流连，点燃一支纸烟，烟尽之后，从容地纵身跃入湖中。待被园役发现救起，只不过几分钟时间，然人已气绝。

当时围观之人并不知晓其真实身份，待发现这位老人脑后有辫子一根，方明白这就是著名国学大师王国维！随后，又从王国维身上发现遗书一封：

> 五十之年，只欠一死；经此世变，义无再辱。我死后当草草棺殓，即行槁葬于清华茔地。汝等不能南归，亦可暂于城内居住，汝兄亦不必奔丧，因道路不通，渠又不曾出门故也。书籍可托陈、吴二先生处理，家人自有料理，必不至不能南归。我虽无财产分文遗汝等，然苟谨慎勤俭，亦必不致饿死也。五月初二日，父字。

随着王国维义无反顾地纵身一跃，这一天被永远地定格在一代国学大师之死引发的全国震惊、悲恸、困惑的"斯芬克斯之谜"之中。王国维在被公认为学术研究巅峰时期的知命之年，从容地自沉于北京西郊颐和园的昆明湖底。在其短暂的有生之年，美学家潘知常称他"为近代中国人找到一个能够安身立命的精神绿洲"。他的死常常让我们想起两千年以前汨罗河畔孤独郁闷的屈原。

王国维，字静安，号观堂，又号永观。1877 年生于浙江海宁，6 岁开始入私塾学习，少年时代曾在著名的杭州崇文书院接受教育。他在考取秀才之后，声名鹊起，与当时的另外三个少年并称为"海宁四才子"。王国维后来能够在成为国学大师的同时，还在教育领域独树一帜，与他聪慧的天赋还是有着重要关系的。

王国维与教育结缘，要追溯到青年时代。1898 年，王国维进入《时务报》报馆工作。此时国家摇摇欲坠，深受震撼的王国维企图以教育来挽救国家命运，他在对只关心个人利益的麻木国民极大愤慨的同时，仍念念不忘教育大计："维谓就教育一事，一切皆后着，今日造就明白粗浅之事理者为第一要着耳。"[1]

此后，他结识著名学者罗振玉。在罗振玉的大力资助下，王国维远赴日本留学。回国后，他与罗振玉友谊日益深厚，跟随罗振玉入京，并在学部（即后来的教育部）总务司任职。

结识罗振玉是王国维人生中的重要事件，这一事件既给青年时代的王国维带来巨大的经济资助，又给晚年的王国维带来难以抹去的伤痛。如果把青年时代的王国维看作晚清少见的一匹千里马，那么，当时的罗振玉无疑是最名副其实的伯乐。而如果把晚年的王国维看作声名显赫的国学大师，那么，结成亲

[1]
王国维：《致汪康年》，
见《王国维全集》，中
华书局 1984 年版，第
84 页。

家的罗振玉与之反目之因，则成为至今无法解开的历史谜团。

对于我们而言，解开王国维与罗振玉的恩怨是非并不重要，重要的是名不见经传的王国维为何会引起罗振玉的关注。王国维与罗振玉的结识存在各种不同的版本，但其中有一点是后人公认的，即王国维当时写了一首咏史绝句，该诗被罗振玉无意中看到，当罗氏读到"千秋壮观君知否，黑海西头望大秦"一句之时，立即被王国维的才华折服，后两人结成好友，乃至成为亲家。

1911 年，辛亥革命爆发，王国维跟随罗振玉再次东渡日本，也正是在这段日子，王国维开始了重要的学术转向，专治国学，后凭借其渊博的知识在国学领域独树一帜，受聘于北京大学国学院，与梁启超、陈寅恪、赵元任并称为国学院四大导师。

王国维在国学领域的赫赫功绩可谓世人皆知，但是，谈到他在民国教育历史上的成就，则世人所知不多。早在 1901 年在武昌农务学堂任教期间，王国维就已经是中国最早的教育刊物《教育世界》的主笔。这本教育杂志仅仅维持了不到三年，其间刊载了近百篇关于日本学制的文章，内容涉及大学、中学、小学、师范教育、职业教育、女子教育等各个门类。在清末严酷的思想统治之下，一个留存于世如此短暂的刊物，能够刊发如此多的国外教育文章，主笔王国维功不可没。但后人谈及这位国学大师的教育思想时，却往往忽略了他在中外教育译著上的创造性贡献。

当然，在民国前夜的教育界，为王国维赢得巨大声誉的还是著名的"完全之人物"教育观念。

1906 年，王国维发表了著名的《论教育之宗旨》一文，提出教育宗旨在于培养能力全面、和谐发展的"完全之人物"。何谓完全之人物？"谓人之能力无不发达且调和是也。""教育之事亦分为三部：智育、德育（即意育）、美育（即情育）是也。"[1] 他也因此成为我国教育历史上明确提出培养人物的德、智、体、美四育主张第一人。

[1]
王国维：《论教育之宗旨》，见姚淦铭等：《王国维文集》（第三卷），中国文史出版社 1997年版，第 57 页。

晚清的天空早已因列强的侵袭血洗而破碎零落，庙堂之上者大多匍匐西洋人脚下苟延残喘，庙堂之下者希冀西方的科技能够救亡图存，挽救大厦将倾的封建帝国。人，在这个社会是一个无比沉重而艰难的话题。王国维的内心如同一泓秋水，丝毫没有被外界民智、民强、民富的鼓噪惊扰一丝波澜，他从一开始就把"人"字作为教育的终极目的，而且，他思考的教育宗旨是那种人格健全、品质优秀、思想睿智的人。细细品味，我们不难发现王国维标榜的"完全"至少有两个含义：一是"完全之人物"应该身体强健、四肢发达、体力充沛，在中国人吸食鸦片成为社会痼疾的当时，体育的重要意义远不是今人所肤浅理解的、仅仅培养四肢发达的莽汉教育。二是美育与智育、德育拥有完全相同的地位，即三者之间没有任何的隶属关系。

但是，在当时的现实社会背景下，王国维的教育主张如同一颗流星划过漆黑的夜空：一方面，"完全之人物"的教育观念是如此灿烂耀眼，令整个晚清的夜空为之惊艳；另一方面，在风雨如磐的时代，王氏的这种教育观念又显得如此"另类"与"不合时宜"，这注定了其照亮夜空的刹那，就迅疾而逝。乃至到了今天，在教育学界仍然会认为王国维这一教育观念"不切实际"的评价。

人，如果从血肉丰满的"完全之人物"，倒退回理性至上的冷漠机械的抽象个体，这样的教育究竟是人类文明的进步，还是倒退？王国维先生在一个世纪以前的教育观念，究竟是在做虚妄之想，还是今人的境界仍尚未能企及呢？

这不得不让我们去深刻地思考西方另一位著名的大师凡·高，在其生前，他的绘画作品无人赏识，在其死后百年，其绘画的伟大价值才被人认识。但愿今人对王国维先生的"完全之人物"教育理念认识，不要再等上100年。

1914年，王国维作《国学丛刊序》，在文中提出了著名的学习"有用之学"、"无用之学"之辩，这既是他教育哲学的核心思想，也为他在民国初期教育界赢取了一席之地。"凡学皆无用也，皆有用也。"王国维的这一教育主张一度遭到许多人的误解，在当时举国上下学习西学，企图科技救国的现实背景下，王国维大谈道家哲学式的有用无用，似乎书生气太重，但实际上是针对当时教育偏重科学技术而忽视人文学科的现状而发，试图扭转当时这一畸形教育现状。

在功利性过于浓厚的当时，王国维的无用之用教育启蒙思想的实现，显然需要走更远的路。但是，这种教育主张并不是中庸主义，他的有用无用实质上可以被理解为科技和人文并重，以人文作为积淀和基础的教育启蒙思想。

遗憾的是，后人往往只看到王国维有用无用论的表层，而未能挖掘其更为深邃的要义。当然，更遗憾的是，王国维过早地选择安静地离去。我们究竟应该用什么样的眼光来看王国维的历史选择？是否可以因为他晚年脑后拖着那一条辫子，就批评他是迂腐顽固的遗老？是否可以因为他的自沉，就指责他为晚清殉葬？面对一个文学、历史、哲学、教育等众多方面都有极深造诣的伟大学者，我们除了惋惜、敬佩之外，是否更应该愧疚在他离开我们已经80多年之后，我们的教育研究在某些方面，仍无法企及其思想境界呢？

后人在追忆王国维先生之时，常常会谈到他的相貌极其普通，仪表极其简单，但是在教育上却拥有一颗极其"美丽之心"。据说，民国时期的清华大学，有两个人只要一看背影就能知道其身份。一个是王国维，一袭不变的旧式长袍，头上一顶瓜皮小帽，脑袋后面是一条辫子。那时经常有革命党人跑到街上和学校里强行剪辫子，但是从来没有人敢对王国维脑袋后面的辫子下手，这让他成为清华大学里的一道景观。另一个则是梁启超，他的两边肩膀似乎略有高低。

至于王国维为什么在民国时代仍然不愿意剪掉辫子，其子女曾在文章中如此说：

> 每天早晨漱洗完毕，母亲就替他梳头，有次母亲事情忙了，或有什么事烦心，就嘀咕他说：人家的辫子全都剪了，你留着做什么？他的回答很值得人玩味，他说：既然留了，又何必剪呢。[1]

[1] 王东明：《怀念我的父亲王国维先生》，《青年教师》2009 年第 4 期。

清末民初教育界首创教育的"最高之理想，存乎美丽之心"者，竟然是这样一位到了民国时代仍保留辫子的男人。

王国维的"存乎美丽之心"，指的是"盖人心之动，无不束缚于一己利害，而入高尚纯粹之域。此最纯粹之快乐也"[2]。这是我们解读王国维审美教育观念不可绕过的关键句。

[2] 王国维：《论教育之宗旨》，见舒新城编：《中国近代教育史资料》（下），人民教育出版社 1961 年版，第 1008 页。

可以想象，一个对高尚、纯粹快乐如此礼赞的人，只要不是不食人间烟火之人，大多是因为亲眼目睹不高尚、不纯粹的苦痛。王国维的审美教育诞生于清末民初举国上下嗜好鸦片的污浊不堪的社会现实，他亲眼目睹民众吸食鸦片的场面，痛心于人性追求的龌龊卑劣，试图以高尚纯粹之审美追求挽救民众于鸦片毒瘾苦海。他善良地认为只要引导民众追求更高尚的嗜好趣味，就可以摆脱鸦片的纠缠。为此，他才高蹈审美教育的大纛，可谓用心良苦。

然而，他的这种想法常被世人误解、扭曲甚至批判。世界之大，竟然容不下静安先生"美丽之心"，社会痼疾陋习厚重如斯！

清末民初吸食鸦片成风，这固然是时代的印记。如果我们一厢情愿地以为国人的陋习早已经随着那个旧时代彻底消失，那就大错特错了。只要人类没有高尚的情趣追求，各种原始的欲望随时都会冲垮理性的堤坝，即使到了今天，各种不健康的嗜好仍然在吞噬许多青少年的"美丽之心"，而急功近利的教育往往对此束手无策。

一个原本希望通过审美教育的倡导与普及，"培养国民之趣味"，引导民众追求真善美，达到改造社会目的的国学大师，其普度众生的人文情怀，从没离开现实社会的痼疾，如此悲天悯人的教育观念不仅没有得到社会公认，反而在当时不容于世，在今日被人民遗忘，这，无论如何，都要算得上一个奇怪的现象了。推想个中缘由，恐怕与王国维国学大师的显赫身份，与教育观念的崇高致远，与现实社会的污浊低俗，尤其与后人对他忧郁的性格、古怪的行为带有极深的成见是分不开的。

从辛亥革命的发生到 1927 年，王国维先后在日本、中国度过了人生最后的 17 年，这是他生活最静谧、学术成就最高、情感经历最复杂，也是最为后人津津乐道的美丽时光。他先追随罗振玉东渡日本，又于 1916 年从日本回国，在上海英国人哈同所办的仓圣明智大学任教。1922 年，王国维应北京大学研究所国学门所聘担任校外通信导师。

1925 年，王国维被清华大学国学院聘为导师。这一年全国的职业教育如火如荼，平民教育运动风起云涌，当全国人聚焦于乡村田野之时，这位脑后带着辫子的国学大师和他的教育显得冷冷清清。然而，历史并没有因为平民教育运动的热闹而将这位国学大师的教育情怀遗忘，王国维也没有因为外界如何嘈杂就改变毕生的学术追求和教育主张。当时清华大学校长曹云祥请胡适代为设计国学院课程，并且想聘其担任国学院导师，胡适婉言谢绝，他说：非第一流学者，不配做研究院的导师，我实在不敢当，你最好去请梁任公、王静安、章太炎三位大师，方能把研究院办好。于是，清华大学聘请梁启超、王国维、章太炎和赵元任担任国学院导师，但是章太炎一直不肯接受，最后经过梁启超推荐，聘请了陈寅恪为导师，这就是民国时期清华大学国学院著名的"四大导师"。与其他几位国学导师相比，王国维"性复忧郁"，做事沉稳不喜张扬，才华横溢却从不恃才傲物。这和同时代的诸多放荡不羁的才子有着截然不同的区别。而如此的教育大师风范更是赢得了学界普遍的赞誉，其中就包括"四大导师"之一的梁启超。

王国维虽然生平沉静淡泊，与人交往不多，但是，他与梁启超先生一见如故，常常说人生能够有梁启超先生这样的朋友足矣。而梁启超对王国维的学问极为钦佩。每当遇到疑难问题，他总是说："可问王先生。"据说，就在王国维自沉之前的一天，梁启超辞职去天津，学生为梁饯行，王国维应邀前往，就在送走梁启超之后的第二天上午，他就自沉颐和园。因此，学界对于王国维自沉之谜的推测，还有与时局和梁启超辞职离京有关一说。

王国维追求学术自由、真理至上的教育理念，可以通过当时著名学者顾颉刚先生的评价看出来，顾颉刚先生曾经这样说："王国维对于学术界最大的功绩，便是经书不当经书（圣道）看而当作史料看，圣贤不当作圣贤（超人）看而当作凡人看。"[1]

民国初年的梁启超已经是国内学界巨擘，顾颉刚也是学界名流，他们能够如此钦佩王国维，与其说是对王国维学识的赞赏，不如说是对王国维身上沉静优雅的封建社会知识分子教育实践风范的强烈认同。

[1] 顾颉刚：《古史辨》第一册，上海古籍出版社1982年版，第63页。

王国维是一个永远无法穷尽的话题。关于他的绝顶聪明，关于他学贯中西的伟大成就，关于他与罗振玉的恩怨是非，关于他的自沉之谜，关于他在民国时期仍然留在脑后的一根辫子……多少年来，无数的人一直在探究关于他的每一个话题。

直至今天，似乎永远不能从表象上得到一个令人满意的结论。但是，有一点是可以被普遍认可的，那就是在平民教育喧嚣尘上之时，教育家们忙着奔向乡村田野之际，王国维仍然心如止水地整理国故、探究学问。社会固然需要平民教育家们去开挖社会金字塔最底层的民众职业技能训练，也需要国学大师以独立姿态攀登社会金字塔最顶端的国学研究。王国维在风起云涌的 20 年代平民教育、职业教育浪潮中如此从容平静地研究学术，足以成为当今教育家们学习的楷模，这份功绩，不应该被平民教育的洪流淹没。

【三】
1926 年：定县实验

历史总是充满着悖论和矛盾。

任何一个地方文明程度的提高，总是由人民集体的力量积聚而成，个人的力量与智慧在伟大的人民群众和绵长的历史面前总要退居次要的位置，毕竟，个体没有办法同庞大的人民群体和悠久的历史文明相抗衡，而且，个体的贡献在历史面前总是显得如此渺小和可怜。

但是，也有例外的。

在近代的中国，就有这样一个小小的县城，几乎是一夜之间让民国所有城市黯然失色，而这个地区的声名鹊起又堪称一个人的杰作，这就是河北省定县，让定县一夜成名的则是晏阳初和他的"定县实验"教育。

定县，河北省西部的一个偏僻小县，一个拥有 40 多万人口的贫苦落后的农业地区。1926 年之前，这个小县不过是民国地图上一个不容易被人发现的小点，但当晏阳初带着他的平民教育理念，开展著名的"定县实验"运动后，这个无名小县一跃成为民国教育史上最具有影响力的地区。

晏阳初（1890—1990），出生于四川巴中县的一个书香门第家庭，深受爱好教会的私塾教师的父亲影响，对中国传统文化、宗教、西学都产生了浓厚的兴趣，少年时代便开始向西方学习，此后，成为平民教育运动的主将，与陶行知等人一起，把中国平民教育推向顶峰。

以民本思想为基础的平民教育，致力于解决全中国的平民问题，算是晏阳初兼济天下苍生的宏伟愿望。这样的宏伟愿望令晏阳初激动兴奋，但是，受到美国耶鲁和普林斯顿大学严谨学风的影响，他时刻提醒自己保持冷静，因此，在识字扫盲教育运动全国风起云涌之时，他并没有满足。在他的教育规划中，平民教育是一项系统化的工程，扫盲教育不过是这个宏伟工程的一部分而已，要向全国推行他的平民教育，显然还有很漫长的道路要走，而当务之急，是对他的平民教育进行彻底而科学的定点实验，使之在现实中完善、健全。正是在这样的背景下，晏阳初的平民教育迎来了1926年的"定县实验"。

1926年，晏阳初以河北定县为根据地，开始了史称"定县实验"的综合社会改造平民教育试验。1927年，平民教育促进会的所有骨干成员都已经离开大都市，"定县实验"的各项条件更加成熟。到1929年，平教总会正式迁移至定县开展乡村教育工作，晏阳初号召知识分子"走出象牙塔，跨进泥巴墙"，国内无数知识分子放弃大都市优越的生活条件，举家搬迁至定县。

晏阳初开展"定县实验"教育活动的初衷是对此前平民教育思想进行全面实践检验，尤其是他发明的"四大教育"和"三大方式"，试图进一步补充、完善他的平民教育体系。但是现实中，这项教育运动的影响力和成就远远超过了他的预期目标。其中，"博士下乡"运动堪称民国教育历史上的一大惊人发现和创造。

20世纪20年代，知识分子留洋成为教育界的一大潮流，许多学有所成的留学生怀抱爱国理想回国工作，当时他们大多集中在条件优越的大都市里。虽然当时中国的经济条件较之国外不可同日而语，但是相比国内更多的劳苦大众，他们的工作、报酬、生活方式等都算得上体面和优越。

晏阳初的"定县实验"教育运动号召大家"走出象牙塔，跨进泥巴墙"，鼓动广大留洋博士和知识分子走出封闭的大都市、大学，走向田野，走到农民中间，扎扎实实地把所学的知识运用于人民，这引起了国内众多知识分子的强烈赞同和响应。据研究显示，"定县实验"鼎盛时期，定县聚集了近500位知识分子，其中有 60 多位是学有所长的归国博士、大学教授，平民教育与乡村建设实验区每年在职人员大约 120 人，当时的媒体把晏阳初领导的平民教育运动称之为"博士下乡"运动。[1]

当年跟随晏阳初去定县参加平民教育运动的留学归国人员中，许多留学于哈佛大学、哥伦比亚大学、早稻田大学等世界第一流高校，这些"海龟"放下封建中国传统知识分子清高孤傲的架子，走到田野乡村农民中间去进行教育研究工作，别说在民国时代，即使在留学生泛滥、高学历贬值的今天，也很难出现如此多的留洋学者集体去偏僻县乡从事科研教育工作的景象。仅从下面平民教育促进会部分骨干成员的留洋背景，就可以发现晏阳初的"定县实验"教育活动的影响力和震撼力：

瞿世英，中国在美国哈佛大学第一个教育学博士；

熊佛西，美国哈佛大学戏剧博士；

陈志潜，美国哈佛大学医学博士；

谢扶雅，美国哈佛大学哲学博士；

周先庚，美国斯坦福大学心理学博士；

冯锐，美国康奈尔大学农学博士；

刘拓，美国衣阿华大学博士；

傅葆琛，美国农学博士；

陈筑山，曾留学于日本早稻田大学和美国；

李景汉，美国哥伦比亚大学社会学硕士；

郑锦，曾留学日本十年；

孙伏园，曾留学法国；

姚石庵，曾留学美国。[2]

[1]
徐宁：《从象牙之塔走向泥土之存》，《中华文化论坛》2011 年第 4 期。

[2]
吴相湘：《晏阳初传——为全球乡村改造奋斗六十年》，岳麓书社 2001 年版，第 128—131 页。

对于当时国内众多教授、博士放弃名利，甘心来到定县安家落户的动人情景，晏阳初认为，当平民教育运动转向农村，演变成一种更为深刻的治本建国的乡村改造运动时，他们舍弃了大学校长、教授的工作，甚至放弃了当官升迁的机会，从象牙塔跑到泥巴墙，从大都市来到穷乡僻壤。

"博士下乡"的壮举，固然要归功于知识分子的爱国热情和自觉服务乡村的意识，但是，从根本上说，还是晏阳初平民教育理论自身具有的强大吸附力起到了关键的作用。在"万般皆下品，唯有读书高"的封建思想依旧严重的民国时期，体面而清高的知识分子，与面朝黄土背朝天的农民，自然存在一层厚厚的隔膜。例如，当时东南大学著名农学博士冯锐教授，留学美国8年，曾在罗马国际农学院做过研究，据说，在他回国任教的12年时间里，没有和任何一个农民接触过，没有体验过一天的农村生活。而冯锐教授这样的现象绝非个案，知识分子与乡村的脱离已经成为当时一个普遍的社会现象。

"坐而论道"、"述而不作"，一向被认为是中国传统知识分子应具有的品格甚至美德，当一代又一代的知识分子以秉承所谓的文人气节傲然于世的时候，往往将其与社会最底层人民血脉相连的纽带关系人为地割断，似乎知识分子一旦与农民打交道，就沾染了俗气，而他们从事的一切与乡村社会相关的教育科研活动，常常在脱离农民的情况下，或者在被扭曲的乡村社会中进行。在这样的情况下，不仅知识分子自身的成就被严重限制，而且直接导致了乡村的贫困与城市的富有之间越来越严重的两极分化。

如此情状，曾让与晏阳初一起高举平民主义教育大旗的陶行知先生非常愤慨，他猛烈地批评中国的乡村教育中的怪现象，说：中国乡村教育走错了路！他教人离开乡下向城里跑，他教人吃饭不种稻，穿衣不种棉，做房子不造林；他教人羡慕奢华，看不起务农；他教人分利不生利；他教农夫子弟变成书呆子。陶行知的批评道出了晏阳初"博士下乡"教育的现实状况。

晏阳初的"定县实验"，再次把历史上被隔断已久的白居易式的知识分子为民请命的优良传统，以"博士下乡"的形式粘连起来。东南大学的冯锐博士经过晏阳初的劝说，也投身于定县实验的平民教育运动之中，并在后来取得了很大的成绩。留洋博士们不仅给封闭的旧中国乡村带来了海外新鲜的知识和趣闻，而且在经济生产、文化教育、公共卫生、道德品行等四个方面，均以先进的教育进行专门的攻关研究，这些在当时的教育领域都是了不起的成就。

晏阳初的"定县实验"教育是否真的适合民国的现实状况？这样的话题，即便今天仍然显得过于沉重。后人对于"定县实验"的是非功过也一直众说纷纭。其实，回顾晏阳初整个"定县实验"的艰难经历，我们不难发现，他所采取的教育方式总体来说还是以本土化、民族化为出发点的。这可以从他后来对当时教育混乱状况的批评看出来：

现在所谓"新教育"，并不是新的产物，实在是从东西洋抄袭来的东西。日本留学生回来办日本的教育；英美留学生回来办英美的教育，试问中国人在中国办外国教育，还有什么意义？各国教育，有各国的制度和精神，各有它的空间性和时间性，万不能乱七八糟地拿来借用。[1]

[1]
马秋帆、熊明安：《晏阳初教育论著选》，人民教育出版社1994年版，第160页。

晏阳初对当时"新教育"的批评固然有点偏激，但是当时照搬西洋教育模式之风盛行，也是不容争辩的事实。从清末的洋务运动到民国的新文化运动，中国的教育也几经波折沉浮，总是在旧私塾与新教育的漩涡中挣扎、彷徨。平民教育坚持为平民服务，强调知识分子密切联系群众，这样的教育观念，即使在今天仍然具有现实的意义。

　　就在"定县实验"全面展开的 80 年之后，2006 年 4 月，中共中央组织部、人事部（现人力资源和社会保障部）、教育部等 8 部委联手出台了"三支一扶"计划（支教、支农、支医、扶贫），计划用 5 年的时间为中国乡村输送 10 万名知识分子。在这场声势浩大的科技下乡运动中，我们发现了许多留洋归国博士的身影，但是，像哈佛大学、哥伦比亚大学等著名高校的博士，却再也没有出现当年那样应者云集的场面，更多出现在我们视野中的，要么是对偏僻地区民办教师可怜的待遇、山村儿童上学的困难的无奈，要么是对留洋博士、国内知识精英们移民海外的焦虑。这种对比，不由我们不深思。"天下大治，不在一姓之兴亡，而在万民之忧乐。"这是历史上固执而博学的黄宗羲在风雨如磐的乱世留给后人的不朽思想。同样，民国乱世中，无数知识分子以万民忧乐为己任，践行自己的历史使命。晏阳初和他的平民教育，便是如此。

　　定县实验在本质上就是一场史无前例的旧中国平民教育运动，这场运动之所以能够在晏阳初、陶行知等人的点燃之下形成燎原之势，与当时中国乡村痼疾血脉相连。

　　1920 年，冬天，寒冷的中国了无生气，穷苦的北方大地被厚重的冰雪覆盖包裹得令人窒息，从美国归来不久的晏阳初却内心火热。在他的眼前，似乎看到了这片数千年来一片死寂的土地，即将因为他实施的平民教育运动而生机勃勃。这样的念头不止一次灼痛他的心，他要解救当下中国的穷苦大众，要用自己几十年来体悟的民本教育改造愚昧的中国，为此，他要到最穷苦的地方去调查研究，发现困扰中国的根本痼疾。

　　从 1920 年冬天开始，直到 1922 年春天，晏阳初进行了归国后长达一年多的调查研究。经过常人难以想象的困难，他最终发现，中国当前最大的问题是"愚"、"穷"、"弱"、"私"四大痼疾，这为他教育运动实践找到了明确的目标和方向。他说：

> 我们觉得要创办一种人民生活的教育，非先了解人民
> 生活的实况不可。因此我们就跑到乡下，从人民的实际生
> 活去找。结果，觉得一般人民最感困难的四个问题，一是
> 愚，二是穷，三是弱，四是私。[1]

为此，他要发动一场教育革命战争，向旧中国已经存在数
千年的贫困、疾病、无知和自私宣战。显然，这是一场非常可
怕的战争。但是，他并不害怕，因为他已经找到了治疗中国痼
疾的药方，这就是他的"四种教育"、"三大方式"。

"四种教育"、"三大方式"是晏阳初根据中国大众现实情
况而专门设计出来的独特教育方法。它们如同四味猛药，每一
种都针对旧中国的一大痼疾：

第一种药是"文艺教育"，通过文学教育、艺术教育、农
村戏剧等活动，开发中国民众的知识能力，以此专攻中国"愚"
之痼疾；

第二种药是"生计教育"，通过农民生计训练、合作组织
制度、动植物生产的改进等教育活动，开发民众的生产力，提
高民众生活技能，以此专攻中国"穷"之痼疾；

第三种药是"卫生教育"，通过发展民众的卫生习惯，预防
疾病教育，提高民众身体素质，以此专攻中国"弱"之痼疾；

第四种药是"公民教育"，通过教育民众团结凝聚力，开
发中国大众民族团结，以此专攻中国"私"之痼疾。

以"生计教育"为例，当时中国农民文化知识缺乏，绝大

[1]
宋恩荣主编：《晏阳初
全集》（一），湖南教育
出版社1989年版，第
175页。

多数不识字，对于如何生产生活，也是按照千年来老祖宗代代相传的基本模式，一旦遇到天灾人祸，就只能听天由命。晏阳初却直接教育农民生存的基本技能，例如播种、选种、增肥、储藏，等等，教给农民先进的科技知识，提高农作物产量。

更重要的是，晏阳初的"生计教育"还对旧中国剥削农民的制度进行了冲击，当时农民因为极度贫困，向地主借高利贷已经成为普遍生存方式，由于还贷时间一般要经历从播种到秋收漫长的时间，高利贷的利息也往往攀升到惊人的数字。因此，广大农民一年忙碌下来，能够还清高利贷的利息已经不容易，更别说自己有盈余。晏阳初在调查中发现了这个问题，就组织农民经营信用合作社，先以本社的名义向银行贷款，然后再以极低的利息转贷给农民，以此避免地主对农民的剥削。这样的教育直接关涉农民生存切身利益，引发了农民极大的兴趣，所到之处，反应热烈。

猛药治痼疾，但还需要灵活的方法。由于中国各地知识水平、风俗习惯、生活方式等彼此差异，接受教育的方式也需要因人而异。晏阳初别出心裁地设计出"三大方式"，即"家庭式教育"、"学校式教育"、"社会式教育"，根据不同地区、人群的客观情况，分别实施四种教育。"其基本逻辑是，农村的问题不是某一个方面的问题，而是牵一发动全身的全局问题，必须寻求综合的解决方法。"[1]

为了吸引学员的学习兴趣，提高学习效率，各种新颖的教学方法也应运而生。其中，最具有特色的当属1922年浙江嘉兴香山中学平民教育会的教师，在国内第一次创造并采用的幻灯教学法。

[1] 徐宁：《从象牙之塔走向泥土之存》，《中华文化论坛》2011年第4期。

这种教学法是利用幻灯，先用画片，次为课文，最后教学单字。如一家人吃饭的教材，则先画全家吃饭图，教师先问学生画面所表示的人物与活动，后映"一家人口有男的有女的有老的有少的一同吃饭"的课文进行教学，最后再识单字，等于复习，为时约 15 分钟，即可完毕教学过程，由已知到未知，极合教育原理。……每课教学约 40 分钟即全部完毕，实为一种经济有效的新教育方法。熊夫人及陶行知先生均偕往参观，极加赞扬。[1]

[1]
张颖夫：《晏阳初"平民教育"理论与实践研究》，西南大学博士学位论文，2009 年，第 63 页。

"文艺教育"是晏阳初平民教育"四教三式"的基本内容，其中，识字教育更是教育的重中之重。他倡导的识字教育也成为民国教育史上最波澜壮阔的教育事件。

1922 年 2 月，晏阳初到长沙推行平民教育，按照规定，所有自愿参加平民教育的教师都不领取任何薪水，只发放交通费用每月 4 块大洋。即使如此，应聘教师仍然踊跃。短短 3 天内，一共招收学生 1900 多人，招募教员 120 人。群众热情程度，令人咋舌。

经过一个月的认真准备，长沙市各区的扫盲班已经具备了开班条件。1922 年 3 月 15 日，长沙市各区的扫盲班同时开学。按照教育课程的设置，识字班每周教 6 晚，每晚 2 小时。4 个月之后，扫盲班课程结束，在当年的毕业考试上，应试者达到 1200 多人，其中有 960 人合格。在这些毕业生中，学员年龄最小的仅仅 6 岁，最大的 42 岁，其中 10 岁到 20 岁之间的青少年占据 81.1%，从性别上看，男性学员共有 846 名，其职业涉及 55 种，其中包括乞丐 2 名。在旧中国，一次教育运动能够把年龄、性别、职业差异如此巨大的人群整合团结到一起，这应该是世界教育史上的一大奇迹。

这一年的 7 月 15 日，一场隆重的毕业典礼在长沙举行，时任湖南省主席的赵恒惕亲自颁发"识字国民证书"给每位扫盲班毕业生。平民获得了识字文凭，这是中国教育史上开天辟地的大事件。整个长沙城市立刻被平民教育氛围感染，此后两年时间内，平民教育所覆盖长沙 68 个县，共计学生491642 人。

就在这场声势浩大的扫盲教育运动中，当时的毛泽东投身于平民教育运动，并且对此后领导的农民革命运动产生了直接的影响。

长沙识字扫盲教育的大获成功，催生了全国其他城市的识字平民教育运动的开展。1923 年，中华平民教育促进总会在北京成立，该会以"除文盲，作新民"为宗旨，晏阳初担任总干事一职。自此，他开始了人生中教育事业的伟大转变，把教育工作的重心从城市转向了广大的农村。在晏阳初的积极推动下，全国随后 18 个省、32 个市相继成立平民教育分会，识字教育运动风靡全国。杭州的平民教育运动，参加人数超过10000 人，当地警察厅专门调派了 800 名警察为招生员，不仅负责维持秩序，还负责帮忙招生。而在武汉，其教育运动的影响更是引起当时著名报纸《申报》的报道：

武汉举行平民教育大游行（1923 年 11 月 28 日中午），汉口在老圃侧集合，汉阳在晴川中学集合后，即来汉参加共达两万人，熊夫人、陶行知、晏阳初均到场演说。商务

1

《申报》1923 年 11 月
29 日第三版，转引自
宋恩荣、熊贤君：《晏
阳初教育思想研究》，
辽宁教育出版社 1994
年版，第 42 页。

印书馆在场摄影，三时整队出发，各执教育建国光明等纸
旗，军警亦参加维持，秩序极整。武昌在公共体育场集合，
亦达两万余人，由省教育厅长、各校长前导游行，商店多
悬旗放鞭，以表欢迎。[1]

　　当时的识字教育不仅覆盖中国穷苦大众的各个年龄层次、
各种职业，而且在烟台平民教育期间，晏阳初创造性地探索了
一条对女子进行平民教育的科学方法。他的办法是首先办好女
子骨干学校，然后选拔骨干学校里的优秀女生组织成招生队
伍，由她们分区挨家挨户地劝说参加平民教育。仅仅两个下
午，女生队便招收了 630 名妇女参加，其中女学员的年龄 7—
67 岁不等，青年女子占据大多数。晏阳初又组织了 30 名女子
义务教师，分区分班为平民讲授《平民千字课》。其中 372 名
女子经过考试合格毕业。[2]

2

宋恩荣、熊贤君：《晏
阳初教育思想研究》，
辽宁教育出版社 1994
年版，第 70 页。

　　识字教育扫盲班在当时成了魔术师表演"大变活人"的道
具，只要把文盲往这个神秘的大口袋里一装，几个月之后，口
袋里钻出来的人就能够认字读书。平民教育如此神奇，与教育
家们科学编制的教材有着直接的关系。在整个 20 年代平民教
育实践活动期间，晏阳初专门组织专家编写了相关的简易教材
《平民千字课》，平民读物《平民历史》、《平民地理》、《平民卫
生》等以及《平民字典》。

　　1922 年 2 月，《平民千字课》正式出版。全书一共 96 课，
内容包括基本词汇、文学作品、实用文书等。学员可以在 96
个小时的正常课时内全部掌握该教材。该书从 1922 年出版到
1928 年，6 年间先后重新修订 13 次，在此期间，晏阳初又根

据市民、士兵、农民等社会不同阶层的知识状况和学习能力，先后主持编写了 4 种千字课本。4 种千字课与 2 种文艺课本，销量达到 1000 万部，也就是说，当时全国每 40 人中就有一套晏阳初编写的平民教育教材。在一贫如洗的旧中国劳苦大众中间，一本教材能够获得如此惊人的销售数字，这在教育史上是罕见的。而全国各地推行平民教育的热情也令人咋舌。当时皖南县道尹通令所属 23 县人民：一年以后，乡下人进城之时，城门口要派人拿四本书叫他们抽读几句；若他们读得了，就让他们进去；否则，就罚一个铜板；一年半后读不来的，就罚五个铜板；两年后读不来的人，就罚十铜板。

《平民千字课》一页

直到今天，也许仍然有人对平民教育的粗糙性、实利性不屑一顾，但是，在一个由绝大多数文盲农民为金字塔底层的民国社会结构下，如果教育不是为最广大的人民服务，不是去解决最急需的识字问题，这样的教育价值何在？同样，如果学习教材不能做到因人而异，不能简明实效，那么，这样的教育又何谈成功？

平民教育在中国的盛行始自杜威访华之后，无论是晏阳初还是陶行知，他们在具体的平民教育主张上，都保持着清晰的实用主义痕迹，这也常常让后人把杜威的实用主义哲学作为定县实验的理论源头，更何况陶行知本人就是杜威的弟子，而晏阳初也曾在美国普林斯顿大学留学。

其实，最重要的并不是晏阳初的定县实验是从哪里学来的，而是这个实验是否经得起中国乡村的检验。在这方面，中国的平民主义教育家们为后人的西学本土化做了一次近乎完美的实验。

1918 年 6 月，晏阳初从耶鲁大学毕业典礼后的第二天，踏上第一次世界大战欧洲战场，去帮助旅法华工。当时的欧洲战场上华工甚多，这些来自国内的穷苦大众，在异国他乡每天承担着繁重的劳动，却一直得不到应有的尊重，由于文化水平低下，他们给家乡亲人写信都需要依赖他人，晏阳初为华工服务的一个重要任务是帮助他们写家信。由于要求写信的人太多，更重要的是，代替他们写信终归治标不治本，晏阳初决定开办识字班教这些华工识字。每天晚上，晏阳初就教授这些华工识字，4 个月之后，居然有 35 个华工可以自己写家信了。据研究，晏阳初在法国华工中实行识字教育以后，20 万华工中就有 38%的人摘掉了文盲的帽子。

此次欧洲战场上的华工识字教育，对晏阳初的平民教育产生了巨大的影响。在他看来，教育劳苦大众，既是教育家的一种责任，更是民国历史赋予知识分子的一种使命，这已经不再是单纯的教育知识问题，而"可以说是教育的革命"。他常常警告自己，既然知道为欧洲战场上的 20 万华人着急，那么，为什么不替国内的三万万同胞着急呢？为此，他决心回国，献身于三万万毫无知识的劳苦大众教育事业。

从识字班的华工身上获得了巨大的启发，目不识丁的文盲只要经过一段时间的教育，就可以掌握基本的知识，彻底告别"睁眼瞎"时代，晏阳初将之称为"新人"现象。在他看来，数千年来，生活在最底层的穷苦大众，一直被剥夺受教育的机会，因而在社会上被认为是愚蠢的人，其实，他们不仅渴望学习，而且聪明能干。劳苦大众所需要的，不是脑筋，而是机会，受教育的机会。他们不是不可教，而是无教。而中国数千年的教育几乎都是士大夫的教育，平民教育从来都没有人关注过。他要为平民教育服务，开启占据中国人口绝大多数的穷苦大众的智慧。这样艰巨而伟大的工作就是开发"脑矿"：

> 中国开化最早，物产饶富，幅员之广，大于全欧，人民之多，甲于天下。所可异惜者，厥为"脑矿"未开，民智闭塞。倘"脑矿"一开，民智发达，即可称雄于世界。[1]

[1]
宋恩荣主编：《晏阳初全集》（一），湖南教育出版社1989年版，第89页。

中国人相信，人皆可以成尧舜。西方人认为，在每一个灵魂的深处，都有神圣之物。无论是尧舜还是神圣之物，都不是天生的，他们需要后天教育的洗礼来完成和塑形，尤其需要专门普度众生的平民教育。在东西文化交流碰撞中成长的晏阳初，虔诚地信奉：人类的良知是普遍存在的。既然如此，为什么不给最广大的人民受教育的机会？为什么不用教育去开发他们的智慧？

中国的现实情况则更印证了晏阳初的这种平民教育思想的合理之处，当时中国有4亿人口，文盲超过3亿，当时英国每100人中文盲只有3人，法国只有4人，日本只有4人，而中国却有80多人。西方列强与近邻日本的强盛，通过国民文盲的比例便可以一目了然。

对于教育家而言，如此多的文盲，就是一座蕴含巨大能量的矿藏，究竟是无视他们的存在继续坐而论道，还是回到人民中间去承担开启脑矿、培养新人的历史使命？答案显而易见。

胡适在亲眼目睹了当时国内乡村教育的乱象之后，于 1918 年 1 月在《新青年》杂志上发表了《归国杂感》，他批评家乡小学堂已经捉襟见肘的经费并没有用于该用之处，而是请中学堂的学生来教乡村农家子弟学习英语、唱歌，为此花钱买了一架风琴。在穷乡僻壤里教英语有什么用？倒不如学习乡村急切需要的蚕桑知识、卫生常识。至于风琴不买也罢，倒不如找个乡村会吹笛子、唱昆腔的人来教，既省钱又实用。至于中学堂，学校里所教的功课与社会上的需求更是"毫无关系"，培养出来的学生成了一种"无能的游民"，最后感叹：这种教育不是亡国的教育吗？

胡适对当时乡村教育弊端的痛斥，验证了晏阳初等人后来定县实验的必要性和重要性。也正是从这个时候开始，定县实验的理论源头已经确立，这就是著名的"三 C"。所谓的"三 C"就是指孔子（Confucius）、基督（Christ）和苦力（Coolies），具体来说：来自远古儒家的民本思想，来自近世的姚牧师和史文轩兄的榜样和来自四海的民间疾苦和智能。晚年的晏阳初曾经深情地回忆道：在他离川东下之前，三者已在他心中埋下火种，等待时机，结合而产生长远的热能和光亮。

其中，《尚书》中的"民为邦本，本固邦宁"的儒家教育思想，是晏阳初整个平民教育理论的最大支撑点。这一微妙的火种，在他进入耶鲁大学和普林斯顿大学之前已经埋下，经历西方民主教育的涤荡之后，他就更加坚信所有教育的根本都无非是儒家的民本思想和天下一家的观念，即平民教育运动、乡村建设运动，不论在中国，或是在海外，都是民本思想的实践，而以天下一家为最高宗旨。

就这样，怀着儒家民本思想和天下一家的宏伟观念，1919 年，晏阳初结束在法国近一年的华工服务，回到美国继续求学。他在普林斯顿大学研究院刻苦求学，并取得硕士学位。1920 年 8 月他回国，很快在国内掀起民国历史上规模最大的平民教育运动。自此，展现在晏阳初面前的黑暗而穷苦的世界，终于被"一股极大的光亮开始照耀亚洲"，而他倡导的平民教育也"誓将成为仁慈且灵验的热线环绕黑暗而穷苦的世界"。这一划时代的运动，被西方人称之为"人类历史上还没有与之相提并论的运动"。

当时的国际社会对他的这次平民教育运动给予了极大的认可和尊重。1926年10月16日，著名国际学术团体太平洋学会的新闻公报上，发表了晏阳初的《蓬勃发展的中国平民教育运动》一文，学会主席韦尔伯在文章的前言中称赞中国的平民教育在教育史上是最有意义的。

1943年，晏阳初在美国"哥白尼逝世四百周年全美纪念委员会"上，被美国众多科研机构和教育家、科学家评选推举为"现代世界最具革命性贡献的十大伟人"之一，与爱因斯坦、杜威、亨利·福特、奥维拉·莱特、劳伦斯等人并列，其入选理由是："杰出的发明者：将中国几千文字简化且容易读，使书本上的知识开放给以前万千不识字人的心智。"[1] 只有切身体会旧中国民间苦难的人，才会明白这样的赞誉绝非溢美之词，才会真正懂得晏阳初在平民教育运动中进行的定县实验，是经得起历史检验的伟大创造。

[1] 吴相湘：《晏阳初传——为全球乡村改造奋斗六十年》，岳麓书社2001年版，第341页。

| 民国教育人物 |

晏阳初：平民教育之父

晏阳初

　　历史总会在某些节点上创造一个又一个令人惊讶的神奇。风雨飘摇的清末民初教育历史，因为百岁老人马相伯的"政治教育"而显得厚重庄严，1919 年之后的民国历史，乱世依然，又一位百岁老人的教育理论成为这段历史板块上的主角。

　　比马相伯晚了半个世纪出生的晏阳初，是民国教育历史上又一位享誉世界的著名教育家。他的百年人生中，有 70 年的时间在推行自己的平民教育思想，由此被誉为世界平民教育之父，美国著名作家、诺贝尔文学奖获得者赛珍珠称其为 20 世纪中国教育家中最具国际影响的世界性人物。

　　晏阳初平民教育思想理论的源头，交织着极其复杂的东西文化冲撞的背景。晏阳初是土生土长的中国子民，青年求学的显赫经历却是在西方度过的。传统文化的熏陶浸染和外来文化的冲击涤荡，始终是纠结缠绕在那个时代留洋青年心中的难言之痛。这样的矛盾纠葛，很容易让一个中国留学生成为外来文化的搬运工，当然，真正的强者也会在这种炼狱般的挣扎中获得凤凰涅槃的新生。晏阳初的平民教育思想就在动荡的民国、开放的美国、神圣的宗教三种力量的纠缠中，最终汇聚成为民国大众渴望的一泓碧水，滋润了被精英教育遗忘数千年而枯竭的社会底层。

晏阳初是 20 年代平民教育运动的领袖，他立志献身平民教育的情怀和决心几乎到了令人费解的程度。

1919 年，中国政府派代表顾维钧、余日章等人参加巴黎和会，晏阳初正在巴黎忙于为华工进行识字教育，一个偶然的机会，顾维钧读到了晏阳初为华工识字班亲自编写的《千字课》，被晏阳初的才华所折服。不久，两位民国政府要员见到了这位混迹于华工苦役之中的同胞，顾维钧先生随即真诚地邀请晏阳初到外交部工作，令人意想不到的是，这一令人羡慕的邀请遭到了晏阳初的婉拒。此时的他，已经被千千万万中国下层平民悲苦的生活、贫乏的教育折磨得心痛，他立志要改变社会金字塔最底层的劳苦大众的教育，处于金字塔顶端的外交部工作当然不可能引起他的任何兴趣。

作为外交家的余日章敏感地捕捉到了晏阳初的心理，为了吸引这位优秀的知识分子进入外交部，余日章在上海主持青年会工作期间，专门设立了一个平民教育部，聘请晏阳初为主任。此举除了充分发掘晏阳初在平民教育上的才能之外，更重要的意图是加强与晏阳初的接触和交流，为把他聘请到外交部任职做铺垫。不料，余日章再次向晏阳初提出请他到外交部任职的想法之时，又一次遭到了拒绝。

晏阳初两次固执地拒绝令人羡慕的外交部工作，缘于他对平民教育的执着。献身平民教育需要舍弃个人利益，当然，仅仅依靠他个人的无私奉献和执着是不可能推动全国平民教育发展的，这需要全国教育界的同仁与他携手共同努力。1925 年，晏阳初专门创作了一首《同志歌》，从他所写的歌词中不难看出他献身平民教育的决心，以及对教育界同仁携手工作的殷切期望。这首在 20 年代响彻中国大地的歌曲这样写道：

　　茫茫海宇寻同志，历尽风尘，结合了同仁。共事业，励精神，并肩作长城。

力恶不出己，一心为平民。奋斗与牺牲，文盲务除尽，男男女女老老少少一齐见光明。一齐见光明，青天无片云。愈努力，愈起劲，奋勇向前程。飞渡了黄河，跨过了昆仑，唤醒旧邦人。大家起，作新民，意诚心正，身修家齐，国治天下平。

　　晏阳初为这首歌词配上民间流行的《苏武牧羊曲》，悲壮厚重的曲调和历史背景，融入壮怀激烈的情感，此歌一经传唱，立刻红遍中国乡村大地。1927 年，毛泽东在长沙从事农民运动，对晏阳初的这首《同志歌》非常推崇，常常在广大乡村农友中教唱此曲，以此鼓舞大家同心协力、共创天下的斗志。

　　立志平民教育事业，必须有甘心做平民的决心。坚辞优厚安逸的外交部工作就是平民教育家的一种风范，能耐得住乡村的寂寞和清苦，则是晏阳初在 20 年代表现出来的另一种风范。

　　1922 年，东北奉系少帅张学良邀请晏阳初主持识字训练班，对奉系军队中的数百名军官进行培训，晏阳初的授课水平深受军官们敬佩。张学良本人对晏阳初也尊敬有加，有意留其在奉天为他做事，刻意交代手下厚待晏阳初。其后，一次偶然的机会，张学良听说晏阳初到乡下搞平民教育都是以毛驴代步，甚为辛苦，于是专门派人送了一辆小汽车备晏阳初使用。晏阳初再三推辞，无奈张学良诚意要送，只得先收下，但他随即就将汽车卖出，所得银元悉数作为平民教育的活动经费，自己则依旧以毛驴代步下乡从事平民教育运动。

　　1937 年，抗日战争全面爆发。中国大片土地被日本侵占，晏阳初的平民教育活动被迫从沦陷区迁入中国西部地区，平民教育活动的重心不可避免地转向了爱国主义教育。在这场旷日持久的反侵略战争中，抗战成为一切教育的中心，晏阳初对待教育的观念也发生了微妙的变化。

　　1937 年，晏阳初正式选定四川省新都县作为实验县。当时的新都只是一个人口不足 20 万的小县，如果不是因为抗日战争的全面爆发，国家的政治经济和文化中心被迫转移至西部，这个小县城也许会一直默默无闻。不过，随着晏阳初的到来，这个偏僻的小县城迅速成为战乱中西部地区引人关注的地方。

抗战前夕，新都县教育状况堪忧。全县的公立、私立学校数量少得可怜，文盲比例高达全县人口的80%以上，儿童失学率更是触目惊心。6—12岁学龄儿童，全县为53148人，其中失学儿童就高达45713人，儿童失学率高达86%。但是，经过晏阳初一年多时间的平民教育推广，学校数量明显增加，失学儿童数量骤减，儿童失学率由1936年的86%下降到为1937年的42%。[1]

爱国主义教育是抗战时期平民教育的重要课程，晏阳初在新都开设了许多平民教育学校，对学生的爱国主义教育也颇具特色。每天早上，平民教育学校都要专门安排半个小时的时间用来进行"精神训练"，由学校的校长或导师专门宣讲国内外大事，向学生宣传抗日救国的道理，坚定学生的抗日信心，激励学生的爱国主义情感。这些学生接受过"精神训练"之后，还要负责向家中亲人和周围邻居传播爱国主义思想，促成大家团结一致共同抗日。

1937年10月10日，新都县的大街上出现了一大批手持国旗的平民教育学校的学生，他们一面向路人分发国旗，一面向民众宣讲国旗相关知识，告诫民众国难当头，需要团结一致共同抗日，而不是把国旗作为摆设。这项活动本来是国民党为了庆祝国庆节，让新都县的一所学校专门印制了近2000面国旗，然后负责分发给市民，以此激励民众抗战决心。可没想到，这一活动因此成为晏阳初推行平民教育爱国思想的难得良机，

[1] 张颖夫：《晏阳初"平民教育"理论与实践研究——基于当代中国社会转型期的视角》，西南大学博士学位论文，2009年，第121页。

据当时新都县的报纸报道，在选定的 1956 户家中，有 1873 户悬挂了国旗，国旗悬挂率高达 95%。[1]

晏阳初在抗日大后方开展的平民教育运动，有力地支持了当时的抗战，其本人在国内的影响力也越来越大。1940 年，蒋介石与晏阳初进行了一次会面，蒋介石问晏阳初：

> 人民不愿意去乡村，是因为生活太苦。人们，特别是受过现代教育的人们，乐意生活在现代舒适的上海、北京和其他大城市，所以他们不想去乡村，我们必须为中国乡村建设准备领导者，你可否立即创办一个学院，并为这一乡建运动培养领袖人才？[2]

就这样，在国民政府的资助下，晏阳初着手乡村建设学院的工作。经历各种波折，1940 年 10 月，晏阳初亲手创办的"私立乡村建设育才院"正式开学。第一批招收了来自全国各地的 50 名学员，经过两年时间的严格培训，1942 年 6 月，第一届学生顺利毕业，他们在中国最艰难的时候，奔赴各地各个行业从事社会紧缺的工作。抗战胜利之后，"私立乡村建设育才院"扩大为独立学院，易名为"中国乡村建设学院"，专门为中国乡村建设提供专业人才。如此贴近中国乡村社会现实的教育培养模式，即使在今天，也有借鉴的价值。

1949 年，新中国成立，晏阳初在新中国迎来胜利曙光之时，结束了自己在国内的平民教育之旅，从此，开始了他的国际平民教育推广运动生涯。

1951 年，晏阳初受聘为国际和平教育促进委员会主席，

[1] 新都实验县政府秘书处编：《新都实验县县政月报》1938 年第 1 期，第 130 页。

[2] 晏阳初：《抗日战争以来的平民教育》，见宋恩荣主编：《晏阳初文集》（二），湖南教育出版社 1992 年版，第 324 页。

并被联合国教科文组织聘为特别顾问，随后，受联合国教科文组织委派到第三世界考察、推广平民教育。此后，已经年逾古稀的晏阳初，历经 30 年的时间，先后把平民教育推广到泰国、菲律宾、印度、加纳、哥伦比亚、危地马拉等国家，其足迹踏遍亚非拉等贫苦乡村。其中，在菲律宾的平民教育推广运动，显示了他此前在国内平民教育的巨大成果，为他赢得了良好的声誉。

1952 年，晏阳初在菲律宾进行了考察，了解了菲律宾乡村建设的现状。同年，菲律宾乡村改造运动促进会成立，晏阳初受邀指导该国平民教育运动。此后，他每年多次来往穿梭于美国纽约和菲律宾马尼拉之间。根据该国乡村发展的落后现状，他建议选调优秀大学生志愿者前往乡村工作，这一做法显然是他当年国内定县实验"博士下乡"经验的翻版，而这一举措恰恰符合当时菲律宾国内乡村建设的现实需求。经过晏阳初的艰苦工作，两年之后，菲律宾乡村会工作人员训练班正式结业，时任菲律宾总统的麦格塞塞亲临致辞庆贺，对于如此多的大学生志愿投身于乡村建设，颇为吃惊。此前他曾多次和晏阳初讨论过乡村改造问题，深知本国知识分子严重脱离乡村的现状，对于晏阳初提倡的大学生深入乡村建设的主张并不抱有太大希望，然而，不过两年时间，他就看到了大批大学生志愿者甘愿放弃城市的生活，扎根贫苦的乡村，晏阳初的平民教育成效令其对此后的乡村建设充满信心。[1] 为了表彰晏阳初对菲律宾的巨大贡献，1962 年，菲律宾授予他麦格塞塞奖。

1972 年，晏阳初在菲律宾国际乡村改造学院主持平民教育改革。他根据当地乡村社会极端落后的现状，致力于建设一

[1]
张颖夫：《晏阳初"平民教育"理论与实践研究——基于当代中国社会转型期的视角》，西南大学博士学位论文，2009 年，第 142 页。

种有利于农业技术推广、传播的社会制度，由于此前他在国内已经展开过相关实验，而当时菲律宾乡村发展现状与旧中国非常相似，这种制度的探索很快就收到实效。此举在菲律宾的成功经验，迅速被国际社会认可和重视，国际乡村改造学院的乡村领袖培训任务也由此轰轰烈烈得以开展。除了菲律宾之外，印度尼西亚、泰国、阿富汗、哥伦比亚、秘鲁、古巴、加纳、肯尼亚等国家，纷纷派人进入国际乡村改造学院学习，为本国乡村建设培养专业人才。

　　由于晏阳初在中国以及众多第三世界国家中推行的平民教育运动所取得的杰出成就，其获得了世界范围的影响力和赞誉。1987 年，美国总统里根颁发他"终止饥饿终身成就奖"，这份荣誉奖状称："六十年来，为铲除第三世界饥饿和穷困根源，你始终不渝地推广和开拓着一个持续而综合的计划。"1989 年，美国总统布什在写给晏阳初的生日贺词中说："您使无数的人认识到：任何一个儿童决不只是有一张吃饭的嘴，而是具备无限潜力的有价值的人。"

　　1990 年 1 月 17 日，晏阳初在美国纽约走完了曲折而复杂的人生道路，就在逝世前的 5 年内，他先后两次回国，重游了半个多世纪以前为之奋斗的定县，拜访了当年和他一起倡导乡村建设的朋友和学生。这位虔诚的基督教徒用了整整100 年的生命历程，向世界证明了平民教育之父的使命感。

第
三
部

1928—1937

二水分流　党化教育下的两张面孔

民国奇女子是在怎样的教育下塑造的？她们的优雅气质经历半个世纪后依然韵味无限，民国女子高等教育的"双城记"，为我们展示民国大都市校园中的女子学习生活。

古希腊"历史之父"希罗多德在著名的《历史》一书中，曾记载这样一个故事：波斯国王泽克西斯在看到自己统帅的浩浩荡荡的大军向希腊进攻之时，竟然潸然泪下，他对着自己的叔父说，当我想到人生的短暂，想到再过一百年之后，这支浩浩荡荡的大军中没有一个人还能活在世间，便感到一阵突然的悲哀。

同样的故事，也发生在中国，《世说新语》记载，西晋大将桓温北征，经金城，见年轻时所种之柳皆已十围，慨然曰："木犹如此，人何以堪！"攀枝执条，泫然流泪。

面对浩瀚的历史，生命个体不得不思考人生的价值和生命的意义，这几乎是每一个人都无法绕过的沉重话题，泽克西斯、桓温这般叱咤风云的万军统帅尚且如此，更何况为国家焦虑重重的人文学者。

1928—1937 年，中国的历史又到了每一个生命个体需要抉择的十字路口。国民党完成了形式上的统一，在教育领域推行党化教育。抗日战争的全面爆发，把中华民族逼到了生死存亡的风口浪尖之上。是选择助纣为虐博取个人功名，还是为人民服务换取丹心汗青？每个人的心灵都会为之纠结缠绕，但是，并非每一个教育家都能深切体味到泽克西斯的忧伤、桓温的忧虑。

这十年的民国教育历史告诉后人，历史的风尘，可以让人类脆弱的生命为之忧伤、焦虑和恐惧，但是，终究无法淹没灵魂的坚守。吴贻芳、罗家伦、陶行知……面对这段飘摇的历史，他们选择了怎样的人生和意义、价值和坚守？金陵女子大学、东南大学、南京晓庄师范学校……这些学校又谱写了怎样的民国教育史？

回首那段十年岁月，我们不禁感叹教育大师们的人生抉择何其沉重！

【一】
1928 年：女子高等教育"双城记"

1892 年，清朝著名买办商人郑观应在《女教》中批评封建教育不重视女子就学之恶习，指出拘于无才便是德之俗谚，女子独不就学，就是"政教之所由日衰也"的根源。郑观应不仅指出了女子教育落后的原因，而且把女子教育的重要性提高到关系国家政治兴衰的层面上，这对于生活在封建社会的商人而言，已是难能可贵了。

与此同时，国内一部分思想进步的女性满怀热情地创办女子高等教育，甚至为了创办女校而殉身的感人事件，进一步促进了国内女子高等教育运动的展开。例如，杭州贞文女学堂校长惠馨在开学当天的登台演讲时，激动地演说女子高等教育的重要性，说到激动之处突然拔刀从胳膊上割下一块肉，宣称：这块臂上的肉，作为女子学堂开学的纪念。如果贞文女学堂能够从此推广，我臂上之肉还会重生，但若女校半途而废，我定将以身体殉学校。后来，贞文女子学堂在日后因为经费问题而无法继续下去之时，校长惠馨服毒自尽。她在临死之前，留下遗书一封："愿将一死，感动当局，请办学经费，兴女学，图自强。"

辛亥革命之后，在西方资产阶级民主共和思想的冲击下，尤其在蔡元培、陶行知等著名教育家的大力提倡和推动之下，此前郑观应对女子教育的焦虑、惠馨对女子教育的热望，终于在 20 年代获得了重大进展。

从 1917—1931 年，在黄炎培的倡导下，我国职业教育开始风起云涌，此后的 10 年，成为民国职业学校发展的一个高峰。受到职业学校教育的推动，女子职业学校教育也赢得了发展良机。由于这 10 年奠定的良好基础，1927—1931 年，女子职业教育驶入前所未有的快车道。据当时的教育部统计，1929—1930 年，全国中等职业学校 219 所，其中女校 43 所，职业学校学生总数 26659 人，其中女生数为 7003 人，女生占职业学校学生数总数的 26.27％。1930—1931 年，全国女子职业学校数量增至 69 所，女生占职业学生总数的 27.55％。就江苏地区而言，1927 年，江苏地区职业学校女生有 742 人，占学生总数的 33.11％；1928 年，女生数增加到 921 人，占学生总数比例的 51.56％；1929—1930 年，全国 65 所单独设立的女子职业学校中，江苏拥有 8 所，在全国仅次于湖南、上海，位居全国第三位。[1] 女子职业教育大众化已经是大势所趋。

就在女子职业教育吸引越来越多的社会大众关注的同时，女子高等教育如同芬芳香艳的鲜花，以一种高贵而静穆的姿态绽放开来。当时中国的南京和北京两大城市里，两所著名的女子高等学府——南京的金陵女子大学、北京的北京女子师范大学，突然打破此前静穆的状态，完全以一种高贵昂扬的姿态，冲破传统社会男尊女卑思想的藩篱，走在了当时女子教育的最前沿，成为民国时代高等学府最美丽的记忆。它们以两种截然不同的办学模式和教育宗旨，一南一北，成为民国女子高等教育舞台上最耀眼的双子星座，上演了女子高等教育的"双城记"。

金陵女子大学是 1928 年国内最著名的一所女子高等学校。其前身是一所教会学校。五四运动之前，中国没有自己办的女子高等学校，国内女子接受高等教育，只能进入教会办的女子

[1] 庄泽宣：《职业教育通论》，商务印书馆 1947 年版，第 64 页。

大学，而当时国内的教会女子大学著名的有三所，即北京协和女子大学、南京的金陵女子大学和福州的华南女子大学。在这些教会女子大学中，只有金陵女子大学后来发展成为国内外著名的女子大学。

早在 1911 年，在中国的美国教会北美长老会等就倡议在南京创办一所女子大学。金陵女子大学于 1913 年，在南京莫愁湖东南绣花巷筹建，1915 年 9 月正式开学，首任校长为德本康夫人。在开学典礼上，这位虔诚信奉基督教的美国人面对着空旷的可以容纳 200 人的大礼堂里的 11 位首届学生，没有流露出一丝的遗憾，而是满怀激情地宣讲：金陵女子大学成立的一天是中国妇女新的一天。就这样，这个只有 9 名教职员工的教会女校掀开了民国女性高等教育的崭新一页。

金陵女大如期开学了，第一学期招收到的女生只有 11 人，一年过后，又有两人退学，等到毕业之时，第一届学生只有 5 人获得了学士学位。这是中国本土授予的第一批本科女学士。后来成为该校校长的吴贻芳，就是其中的五朵金花之一。虽然第一届招生人数可怜，但是学校的课程设置并没有因为人少而缩水。学校所用的教材全部来自英国大学教科书，而且，凡是英美大学开设的课程均正常开课，由此形成了门类齐全、文理兼修的博雅精英教育特色。1928 年，金陵女子大学凭借高质量的博雅精英教育特色，一跃成为当时国内最著名的女子高等学校，被誉为"近代教育史上影响最大，办学最具特色"[1] 的教会女子大学。其发展的良机来自两个重要的事件。

[1]
程斯辉、孙海英：《厚生务实，巾帼楷模——金陵女子大学校长吴贻芳》，山东教育出版社 2004 年版，第 4 页。

金陵女子大学学生

先是在 1923 年，金陵女子大学将校址移至南京随园，此后，除了抗日战争爆发被迫西迁成都，抗战胜利后即重回原校址随园。搬迁后的金陵女子大学，在建筑上非常讲究中国古代江南园林的美学韵味，校园环境建设在当时国内高校首屈一指，时人称之为"东方最美丽的校园"。校园环境的优雅美丽与女子高等教育的性质和谐相融，成为世人心目中对这所学校产生好感的重要因素。

再一个是 1928 年，金陵女子大学结束了美国人主持校务的状态，转交中国人主持工作。这次中西两个国度之间的权力交接，给了中国妇女展示领导女子高等教育才能的机会，也成就了此后金陵女子大学在民国教育史上的显赫地位。特别是吴贻芳担任金陵女子大学校长之后，有了施展独特教育理念的机会，提升了学校的影响力。

1928 年，金陵女子大学第一届毕业生吴贻芳，从美国密执安大学获得生物学博士学位，回国担任金陵女子大学校长，由此成为金陵女大的第一任中国籍校长。吴贻芳，1893 年出生于湖北武昌，其祖父曾为翰林，父亲吴守训中过举人，母亲是大家闺秀，不幸的是，到了吴贻芳这一代，家中连遭变故，一夜之间，家道衰落。1916 年，吴贻芳入读金陵大学，毕业后奔赴美国留学，1928 年回国担任母校校长，直至 1951 年，成为民国历史上担任校长时间最长的女校长。正是在她的手中，金陵女子大学成为民国时期最著名的女子高等学府，在整个民国教育界一直盛传"男有蔡元培，女有吴贻芳"。

吴贻芳

就在吴贻芳担任金陵女子大学的前一年，千里之外的北京，另外一所女子高等学校——北京女子师范大学早已经声名显赫。

与金陵女子大学出身于教会学校不同，北京女子师范大学是一所国立学校。1908年，清政府应御史黄瑞琪的请求，专门设立了女子师范学堂。辛亥革命之后，这所学堂被保留下来，并且更名为北京女子师范学校。1919年4月，该校再次更名为北京女子高等师范学校，在当时是中国历史上第一位国立女子最高学府，当时国内接受高等教育的知识女性中有三分之一就读于该校。其后，其凭借庞大的招生规模优势，在国民女子教育中获得了巨大的影响力。早在1917年筹备改组之时，学校一次性的招生人数就至少达到24名。等到两年后正式改组易名高等师范学校，学校各部、科的在校生人数高达260人。从1919年改称到

1924 年升格为女子大学的 5 年时间里，女高师一共为社会输送出本专科毕业生 303 人。而 1919 年的金陵女子大学全校学生只有 52 名。1922 年，北京大学和北京师范大学等著名的国立高校女生数量不过为 15 名左右，南京东南大学的女生数量为 44 人，而北京女子高等师范学校全校的女生数量为 236 人，约占总数的 35%。[1]

由于学校招生规模的不断扩大，影响力日增，借助当时国内女子职业教育运动发展的良好态势，1924 年，北京女子高等师范学校升格为北京女子师范大学。1928 年，国民政府在全国推行大学区制度，把北京的 9 所国立高等院校合并为国立北平大学。北京女子师范大学在这次合并中被改组为国立北平大学第二师范学校，专门对社会招收女生，其在民国女子高等教育中的影响力攀至顶峰。

与一般的女子职业学校不同，女子高等学府虽然致力于中国女性高等教育的普及，但是，在教学宗旨上并不以职业技能训练为主要目的，这使得课程设置上有了明显的自身特色。而同为女子高等教育的学校，在具体办学模式上也有很大的差异。

由于国立大学得天独厚的政治优势，北京女子高等师范学校从一开始便显示出财大气粗放手一搏的架势。为了提升教学质量，该校不惜重金聘请国内名师来学校兼职，当时在北京女子师范学校任教的人员，仅有海外留学背景的就占了一半。以国文部为例，专业课任教老师几乎都来自北京大学。据当时学生许广平回忆，几乎全是北大的教授和讲师，校舍虽不同，教

[1]
顾明远、梁忠义：《世界教育大系·妇女教育》，吉林教育出版社 2000 年版，第 348 页。

课、讲义却是一样的。当时国内最著名的学者刘师培、黄侃、蔡元培、胡适、鲁迅、陈独秀、沈尹默、许寿裳等人，以及政治运动领袖李大钊等，都受聘于北京女子高等师范学校。

1920年，李大钊受聘女子高等师范学校国文部，为女生讲授《社会学》、《伦理学》、《女权运动史》等课程。在这些课上，李大钊积极宣传马克思主义思想，讲述苏俄十月革命，介绍西方女权主义运动，鼓励女性政治解放和思想自由。李大钊的红色革命教育思想极大地影响了当时的女生，她们后来能够积极地投身于政治革命活动，与李大钊其间的革命教育是分不开的。

1919年，年轻的胡适受聘北京女子高等师范学校讲授中国哲学史，这也是他在北京大学讲授的课程。由于胡适在1918年就已经受邀来该校发表了著名的《美国的妇人》的演讲，在学校引起巨大轰动，而他在北京大学独特的讲授哲学史的方式更是使其名声大噪，再加上其在新文化运动中的巨大影响力，一时间成为北京女子高等师范学校最受关注的教师。著名女作家苏雪林在她的自传里回忆当时胡适来学校上课的情景：每逢胡适来学校上课，其他班级的同学也纷纷来旁听，甚至女校的学监、舍监及其他女职员都端着凳子坐在教室后面。因为来的人太多，一间教室容纳不下，就把毗连图书室的窗格打开，黑压压的一堂人，大家都屏气静音，聆听胡适滔滔不绝的演讲。学生都感觉听胡先生讲话，不但是心灵莫大的享受，也是耳朵莫大的享受。

尤其令人赞叹的是，当时名声如日中天的胡适在女师大的任教，并未因为教育对象是女生而轻视。身兼北大和女师大两个学校中国哲学史课程的胡适，由于不堪来访者太多的搅扰，不得不在书房挂上"来访者不得超过五分钟"的告示。但是，在女师大任教期间，但凡女生登门向他求教，他都主动打破"来访者不得超过五分钟"的规定，尽可能给女生更多的答疑时间。虽然他在女师大任教属于兼职，与女生们接触时间极少，但事隔 35 年之后，他居然能准确无误地叫出许多女生的姓名，足以看出胡适对女生上课之用心，[1]这也让女师大学生受益良多。

[1]
钱用和：《追述往事·敬悼胡师》，见冯爱群：《胡适之先生纪念集》，台北学生书局 1973 年版，第 25 页。

鲁迅受聘北京女子高等师范学校的时间稍晚。1923 年，鲁迅开始担任该校国文系教员，讲授中国小说史略课程，直至 1926 年。这段教育生活是鲁迅教育生涯中的一个重要部分。正是在这所学校里，鲁迅发表了著名的《娜拉走后怎样》的演讲，由于当时前来听其演讲的人太多，许多听众一直站在走廊外面听讲。演讲结束后，学生公演了《娜拉》，连续三天，场场爆满。

新文化运动主将们的任教，极大地刺激了北京高等师范学校女子们的解放思想。大张旗鼓地追求女性解放自由，毫不掩饰地张扬民主政治观念，成为北京女子高等师范学校教育的一个基本特色。1919 年，五四运动过程中，北京女子高等师范学校的女生表现出极大的政治热情，她们和北京高校的男生一起游行请愿、宣传演讲。就在五四运动爆发的当晚，为了阻止女师大学生上街游行，学校锁上了大门，试图把女生们强行控制在学校内，结果，北京女子高等师范学校的女生们硬是砸开了学校的大门，冲破学校的阻止，跑到北洋军阀政府要求和当天被捕的男生一起入狱。[2]她们对政治民主的热情和魄力，丝毫不逊于男生。

[2]
全国妇联编：《中国妇女运动史》，春秋出版社 1989 年版，第 71—72 页。

1924 年，自称家乡无锡是中国模范城的杨荫榆女士正式担任学校校长。杨荫榆担任校长期间，对学生的政治民主运动采取高压政策，为此引发全校女生的强烈反抗，最终爆发了著名的"女师大风潮"。

杨荫榆，江苏无锡人，女教育家，杨绛的三姑母。这是一位民国历史上极具争议的人物，曾经留学美国哥伦比亚大学，与胡适、陶行知等人都是哥伦比亚大学的校友。受到杜威教育思想的影响，按理说，她主持校长工作期间，应该具有当时留美学生通常具备的开明包容的教育素养。不料，她担任校长以后，丝毫没有留美学生包容民主的风范，被鲁迅批评为一副封建中国管家婆的姿态，完全把女校的学生当做一群童养媳对待。如此封建保守的治校举措，深得北洋军阀政府的欢心，而杨荫榆也依仗军阀政府的势力有恃无恐地蛮横治校，乃至后人称之为"寡妇主义"教育——试图把学生教育得个个心如古井，脸若冰霜，一脸的寡妇相，女生与校方关系十分紧张。

1924 年 11 月，女生与校长的矛盾终于爆发。当时杨荫榆蛮横地勒令国文系三名女生退学，学生自治会与校方交涉未果，反而遭到杨荫榆的一番辱骂，遂激起全校师生公愤。学生自治会首先发难，她们宣称不承认杨荫榆为女校校长，并且发表了《驱杨宣言》，当时学生嘲讽为"驱羊运动"。此举得到学校部分开明教师的支持，鲁迅在当时坚决地站在学生身后，支持女生们的正义行动。

面对女师大风潮，教育总长章士钊采取了纵容杨荫榆的态度，大张旗鼓地宣称要对女师大学风进行"整顿"。以陈源为首的一小撮御用文人配合教育部和杨荫榆，大肆攻击污蔑女师大学生，指责正义的女生把好端端的一个女师大变成了"臭茅厕"。数月过后，女师大风潮终于酿成流血冲突，杨荫榆雇佣大批军警和流氓暴力镇压女生，强迫女生离开学校，教育总长章士钊宣布解散女师大，由教育部派专员接管。此举招致全国一片指责和唾骂声，北京、上海的各大高校纷纷出面支持女生运动，北京大学甚至发布公告宣布与章士钊的教育部脱离一切关系。女师大的学生们并没有向教育部妥协，部分女生坚持在校外租赁校舍，继续上课以示抗议，学校里许多爱国教师纷纷表示支持，他们自愿无偿为校外女生上课。在强大的社会压力之下，教育总长章士钊被迫辞职，女师大学生成功复校。十多年之后，这位处于女师大风潮旋涡中心的女教育家，在苏州，面对企图奸污女生的日军，厉声斥责他们的暴行，不幸死于日军刺刀之下；又有人说她被日军哄骗出来到桥上，遭到枪击，又被踢下桥去，再遭到枪击而死。其人生终点之悲壮，其民族气节之高尚，远不是女师大风潮时期人们所能想象的。

女师大风潮事件如同一味发酵剂，在北京女子高等师范学校的女生中，酝酿着越来越浓的政治解放和自由独立思想。1926 年 3 月 18 日，北京群众数千人由李大钊主持，在天安门集会抗议，要求拒绝八国通牒。此举遭到北洋军阀政府的血腥镇压，当场打死 47 人，200 余人受伤，酿成震惊中外的"三一八惨案"。在这次政治运动中，女子高等师范学校的学生自治会主席刘和珍等人，带领女生们参加了游行示威，面对军警的刺刀毫不犹豫地勇敢前行，最终惨遭屠杀，成为北京女子高等师范学校建校以来，女子追求政治民主权利、思想自由解放的最高潮。3 月 25 日，北京女子师范大学专门为遇害的刘和珍、杨德群两位女生召开追悼会，缅怀女生追求正义解放的精神。惨案发生之后，鲁迅怀着极其悲愤的心情写下了《纪念刘和珍君》一文，正如文中所说："真的猛士，敢于直面惨淡的人生，敢于正视淋漓的鲜血。"

激进的政治解放思想刺激了女校学生个性化的大胆追求，常常让走出学校的女生们表现出浓烈的敢爱敢恨的新女性风范。这可以从毕业于该校国文系的许多女生，后来成长为中国现代女性文学的第一批作家的作品中得到反映。庐隐、苏雪林、冯沅君、石评梅、陆晶清、程俊英、王世瑛、许广平、吕云章等著名女作家，都是从女师大走出的。当时积极参与政治解放运动的革命文学团体文学研究会共有 172 名登记会员，女性会员只有四五人，其中的三位就是来自女师大国文部的学生黄英、王世瑛和史学部的隋廷玫。而这些新女性在文学史上的地位大多与激进的政治民主运动血脉相连。例如，庐隐的作品由于对革命性社会题材的关注而被茅盾赞誉为"注目于革命性社会题材的第一人"，鲁迅赞誉她为"毅然和传统战斗，而又怕和传统战斗"的"淦女士"。庐隐在就读女师大期间，就表现出接受新思想的新女性特点。据后来同样成为著名女作家的冯沅君回忆，在别人对新诗、新小说的创作还很犹豫的时候，庐隐的作品已经在报纸上发表了。

这些女性作家创作的代表作品往往带着浓烈的自传色彩，透过这些作品，我们能够看到女性内心大胆炽热的爱情追求。庐隐的《海滨故人》描写了青年女性在传统家庭和革命事业之间的艰难抉择，冯沅君的《隔绝》肯定了青年学生追求个性解放和婚姻自由的理想。她们赋予作品主人公的追求个性的情感，正是来自女师大教育中起着主导作用的政治热情和个性解放。

从积极参与五四运动到"三一八惨案"中的勇敢无畏，再到大胆追求婚姻的新女性文学创作，20 年代的女师大始终在政治运动中扮演着振臂一呼响者云集的英雄角色，这就难怪后人眼中的女师大历史俨然是一部女性的革命斗争史了。似乎学校中没有一张安静的书桌，似乎学校女生追求知识的热情完全被政治激情掩盖，校园生活的全部就是狂热的政治集会、激情的演讲宣传、持续的游行示威。因此，在许多学者眼中，与同一时期静谧高贵的金陵女子大学相比，女师大追随的无疑是社会上不断高涨的革命热潮。

这正是北京女师大女生们留给当时中国民众最深刻的记忆。

相比之下，金陵女子高等师范学校不得不受到经费不足的掣肘。吴贻芳就任金陵女子大学校长之后的第一件事就是四处奔走，寻求各大教会的经济资助，教会资助、社会捐助成为维持学校生存的关键。经济状况的窘困严重制约了金陵女子大学的发展，这就决定了金陵女子大学在办学上没有采取北京女子师范大学那种大规模培养的教育模式，而是坚持走卓尔不群的精英教育模式，在招生上宁缺毋滥，以质量为第一。1933 年，当时报考金陵女子大学的考生有 219 人，经过考试录取了其中的 68 人；第二年，报考金陵女子大学的人数为 226 人，最终录取了 79 人，值得一提的是，其中还有三名美国学生。[1]

同时，金陵女子大学的教会学校性质，为学校注入了肃穆神圣的浓厚的基督教文化色彩。第一任校长德本康夫人本身就是一个虔诚的基督徒，她从蒙特霍利女子大学毕业后，就加入了基督教海外传教的活动中。为了宣扬她的基督教信仰，德本康夫人亲自选定源自圣经的"厚生"作为学校的校训。在圣经中，"厚生"之意是"我来了，是要叫人得生命，并且得的更丰盛"，学校以此为校训，寄寓人生的目的，不光是为了自己活着，而是要用自己的智慧和能力来帮助他人和社会，这样不但有益于别人，自己的生命也因之而更丰富。德本康夫人在领导金陵女子大学期间，一直致力于培养将来能够宣传基督教教义的女子教育人才。教会时期的金陵女子大学任教老师大多为美国第一代女大学生，她们在任教期间把美国的精英教育理念灌输给了中国女生。

作为中西权力交接之后的第一任校长吴贻芳，是德本康夫人主持工作时期金陵女子大学的第一届学生，其毕业后在美国留学，再次受到宗教文化的影响。吴贻芳上任之时，正是民国非基督教运动蓬勃发展时期，基督教文化在高校中受到严重冲击。金陵女子大学响应这种号召，取消了宗教系，此前作为必修课的宗教课程全部由必修课改为选修课。学校以培养为社会服务的妇女界领袖为目的，服务中国，服务社会。

[1] 程斯辉、孙海英：《厚生务实，巾帼楷模——金陵女子大学校长吴贻芳》，山东教育出版社 2004 年版，第 101 页。

1928 年 11 月，吴贻芳正式任职金陵女子大学校长，她在就职演讲中宣称：

> 金女大开办的目的是应光复后时势的需要，造就女界领袖，为社会之用。现在办学，就是培养人才，从事中国的各种工作。[1]

吴贻芳致力于培养金陵女子大学学生成为妇女界领袖，以此服务中国的精英教育模式，被证实是成功的。这可以从学校毕业生从事的工作上得到验证。该校本科生毕业以后，从事教育工作的约占 34.4%，继续深造的约占 27.1%，从事社会服务的约占 12.7%，从事医生、公务员、宗教工作的比例大约为 1.9%。[2]

吴贻芳时代的金陵女子大学，在教师的聘请上更多地选择国内的教师。经过这些措施，学校的基督教文化色彩明显较之德本康夫人时期有所弱化，但由于此前受到基督教文化的影响太深，短时间内根本无法消除。例如，学校的英语课程不仅作为重要教学内容，还作为一种普遍的教学手段，甚至许多中文课程也用英语来教学。另外，在治学管理上具有明显的基督教色彩的博爱情感关怀。当时在金陵女子大学，每天上午和下午的课间都要供应一顿营养餐，每天上午 10 点钟左右，金陵女子大学的女生们就可以喝上一碗营养汤，所谓的营养汤就是一杯牛奶，下午还会再添上一个鸡蛋。金陵女子大学在学生学习上也保留了浓厚的基督教博爱关怀色彩。早在德本康夫人担任校长时，学校就创立了导师制度。吴贻芳接任之后，不仅保留

[1]
程斯辉、孙海英：《厚生务实，巾帼楷模——金陵女子大学校长吴贻芳》，山东教育出版社 2004 年版，第 36 页。

[2]
金一虹：《民国时期女子高等教育的性别议题——以金陵女子大学为个案》，《妇女研究论丛》2006 年第 2 期。

了这种制度，并又加以完善。其具体做法是每个学生可以找一位教师担任导师，每个导师指导八九名学生，师生之间用小组活动的方式帮助学生解决生活和学习上的各种困难。为了让导师制不流于形式，金陵女子大学规定了导师制度中教师应该履行的义务和承担的责任，包括导师必须召集学生举行座谈会，导师必须熟悉学生所学的所有课程，导师应该与学生家长保持联系和沟通，甚至规定导师必须了解学生的身体健康状况、疾病诊治等等，以此让学生得到家庭式的温暖，培养"家庭精神"。

女子大学诞生于男尊女卑的传统思想之下，冲破陈旧的性别歧视教育观念，成为所有女子大学不得不背负的现实难题。金陵女子大学在灌输女子的自觉独立意识上特别突出。这既是吴贻芳在当时社会环境下不得不面对的现实难题，更是基督教文化中重视人的自觉意识的表现。

学校规定每天早晨 6 点起床，但是并不敲钟摇铃，让学生自觉养成准时起床的习惯，学生很少出现睡过头而迟到的现象。学校周日没有课程的时候，学生可以外出，但是并不需要向老师请假，学校的大门口挂着一个签名簿，外出学生自行登记外出的时间和姓名，等回校之后，再签名证明返校。金陵女子大学的考试也渗透了自觉启蒙的精神。按照学校的规定，所有考试都没有老师监考，老师把试卷分发完毕之后，自行离去，完全依靠学生自觉，竟然没有学生因此作弊。

金陵女子大学培养出了高度的自觉意识，但是，在政治民主运动上一直缺乏足够的热情，始终保持着一种静穆的色彩。1919 年，五四运动期间，金陵女子大学的女生们虽然走上了街头，加入了游行示威的队伍，但是，很快又回到了教室里。这和北京女子高等师范学校的女生们长时间地走出校门奔走宣传截然不同。1928 年 5 月，南京高校爆发学潮，面对金陵大学男生号召一起游行的邀请，金陵女子大学的学生却没有答应，她们依然静静地留在教室里读书学习。课后，她们纷纷走到社会上，采取力所能及的方式为市民服务。她们用这种安静的务实的方式表达对国家的爱，这也与北京女子师范大学的游行张扬截然不同。[1]

[1]
张素玲:《民国时期两所女子大学的比较研究》,《高教探索》2010年第5期。

在对待个人爱情婚姻问题上，金陵女子大学表现出极其内敛的婚姻观。1928年，《妇女杂志》的调查显示，在该校1919—1917年的105名毕业生中，结婚成家的仅仅17人，占16%。1919年第一届毕业的5名学生，有两位医学博士、两位大学管理人员，一位传教工作者。她们当中只有徐亦蓁一人后来成婚。而且，徐亦蓁本人对自己选择婚姻感到遗憾。她如此感叹：

> 我愿独身。在我这一个时代，这是现代妇女的一种普遍的态度。我们称之为有目的的独身。它产生于我们这个压迫妇女的传统制度。妻子被认为是内人，永远也不许在外面工作。我不关心婚姻，也不关心家庭，只喜欢学校和教书，这是我整个的生活，如果没有来自于父母的压力和命令，我永远也不会结婚——生活中有太多的事情可以使我得到满足。[2]

[2]
张素玲:《民国时期两所女子大学的比较研究》,《高教探索》2010年第5期。

金陵女子大学毕业生对婚姻的冷淡，一度让学校教育处于风口浪尖之上。与金陵女子大学同门的金陵大学男生更是对此深恶痛绝，他们酸酸地批评金陵女子大学如此教育下去，女子教育纵然能够日益发达，但同时老处女的数目也日渐增加，结果变成一畸形社会。1928年的《金陵周刊》发表了一篇《女学生变成老姑娘的原因》一文，文章带着嘲讽的口吻，攻击金陵女子大学女生不愿意结婚是因为学生毕业之时已经25岁有余，"以这样花老月残的过时货，欲令人垂涎，实在难能而不可多得了"[1]。

面对铺天盖地的批评，第一任校长德本康夫人回击说，这并非是金陵女子大学学生的过错，而是自觉高人一等的男士面对接受高等教育的女生的自卑，女生们不愿意结婚是因为对文化知识的兴趣比婚姻本身更具有吸引力。校长吴贻芳本人虽然终身未嫁，但是她一直包容女生恋爱，甚至为了方便女生会见异性朋友，而将学校的100号楼专门隔成一个个没有门的格子，让朋友见面成为一种私密性的活动。无奈，深受宗教文化和精英教育双重熏陶的金陵女子们，对知识学习的兴趣更甚于婚姻。金陵大学社会学系曾对金陵女子大学的学生兴趣进行心理测试，结果显示该校女生兴趣最主要的是宗教和社会。[2]

北京师范高等学校和金陵女子大学的女生们分别用政治热情和独立精神，为当时的中国女子高等教育树立了两面特色鲜明的旗帜。

[1] 克彬：《女学生变成老姑娘的原因》，《金陵周刊》1928年第25期。

[2] 史迈斯：《价值的研究——一个社会心理的调查》，《金陵大学校刊》1933年第93期。

【二】
1929 年：三民主义教育狂潮

1927 年，南京国民政府正式成立，中国完成了形式上的统一。蒋介石深知这样的统一仍然无法彻底消除地方割据，为了加强对全国的控制，必须在意识形态内强化国民党的领导权，灌输民众绝对服从国民政府领导的意识。承担国民思想启蒙重任的教育，就这样成为这次政治意识形态强化的首要目标。

这一年的 7 月，国民政府在广州举行的中央教育行政大会上通过决议，要求全国所有大、中、小学的教职工和学生全部加入国民党，另外，规定在县级教育管理上，由督学兼任县党部组织部官员，负责直接宣传国民党的纲领，以灌输对国民党的绝对服从、打压革命进步思想为主旨的党化教育。此项决议如同一把紧箍咒，死死地套在广东各级学校的师生头上。

国民政府在全国教育领域强制推行"党化教育"的主张，早在国民党建立广东政权之后，就开始在教育领域积极贯彻，灌输国民党专制统治思想。1923 年，孙中山在广州建立大元帅府之后，立刻任命亲密战友邹鲁整顿广州的教育，他郑重地对邹鲁说：现在广东的教育不但濒于破产，而且未能接受本党主义，还是你出来担任改进罢。随后，邹鲁被任命筹办广东大学，孙中山对邹鲁的交代也非常清楚：使广东整个高等教育能在党的指导之下，免人渗入。

由于 1927 年之前的国民党缺少对全国的控制力，其党化教育思想只集中在广东地区，引起学界对党化教育反对的声音主要在广东。当时的广东大学就爆发了两次著名的反对党化教育的斗争。

　　先是 1925 年，广东大学资深校长邹鲁遭到排挤出走，汪精卫在广大大学内部肆无忌惮地推行党化专制，引发广大师生的强烈愤慨，文科学长陈钟凡、法科学长程天固连同著名学者冯友兰、周佛海等人集体辞职，此次事件被认为是民国历史上教授们对党化教育的第一次集体反抗。

　　党化教育并没有因为此次教授集体辞职得到缓解，相反，1926 年广东大学反对党化教育斗争已经到了武力械斗的混乱地步。当时学校的右派组织孙文主义学会每与其他组织发生争执就直接拿棍子打人，由于棍子的英文 stick 广州话称为"士的"或"树的"，这一组织当时被称为"士的党"或"树的党"。法科学生沈鸿慈是"士的党"的一个重要头目，他曾在《醒狮》报上疯狂地叫嚣："高举'士的'的广东大学打遍广州，打遍全国！"此时的广东和广东大学在党化教育灌输下，已经成为随时都要爆炸的火药桶。

　　仅仅在这一年的 4 月份，"士的党"就和广东省学联代表大会的代表、广东大学预科选举学生会中枢委员，多次大打出手。在如此混乱的情况下，接替陈钟凡文科学长职位的郭沫若也被卷入派系斗争，乃至引发文科 60 名教师中的 26 人集体罢课，最终以 15 名教师辞职离开结束。这是广东大学易名为中山大学之前的第二次反对党化教育运动。

　　作为国民革命早期发源地的广州，在这次党化教育运动中显示了积极支持的姿态。1926 年 8 月，广东大学正式改名为国立中山大学之后，蒋介石亲自委培保守派戴季陶出任中山大学校长。戴季陶接任中山大学以后，采取极其严厉的政策强制强化党化教育，致力于把当时的国立中山大学教育学研究所打造成为党化教育的基地，由此奠定了此后三民主义教育的"彻底信仰者"。戴季陶主持中山大学期间，宣称中山大学为中央最高学府，亟应实施纯粹之党化教育，养成革命之前驱，以树建设之基础。为了推行党化教育，戴季陶对中山大学全体师生进行了彻底清洗，力图铲除所有激进和有革命思想的师生。全校 2000 多名师生中，最终只有 200 多人得以留下，其余人员全部清理出校。

戴季陶以铁血政策在中山大学推行党化教育，让广东和中山大学成为党化教育的大本营。但是，随着国民党形式上统一全国，党化教育面临着向全国推广的问题，反对党化教育的呼声越来越高涨，越来越多的学界人士对赤裸裸的党化教育提出批评和反对。在这种情况下，中山大学强制推行党化教育的模式显然不切实际。

1927 年 10 月，著名学者胡适就直接写信给当时主管教育工作的蔡元培，对党化教育表示了坚决反对。10 年之后，在蒋介石亲自主持召开的庐山会议上，胡适依然强烈反对党化教育对教育自主的粗暴干涉。面对蒋介石，他毫不客气地批评党化教育对中小学生健康思想的严重毒害，要求国民党的势力不得入侵学校，号召"教育应该要独立"。胡适对国民政府教育政策的公然"唱反调"，曾让蒋介石窘迫尴尬而恼火万分。

胡适的反戈一击，让国民政府意识到简单粗暴地推行党化教育，在未来必定还会面临更多的麻烦和反抗，如何改变策略瞒天过海推行党化教育，而又不引起民众反感，成为国民政府急需解决的难题。为此，1928 年 5 月，在第一次全国教育会议上，国民政府确定了以后中华民国的教育宗旨就是"三民主义的教育"，以此代替原来专制思想过于赤裸暴露的"党化教育"。

三民主义本是孙中山先生受到美国总统林肯的"民有、民治、民享"的启发，根据中国现实而提出的"民族、民权、民生"的理论纲领。1905 年，孙中山在《民报》上正式发表了"民族独立、民权自由、民生幸福"的三民主义理论。此后，三民主义成为孙中山领导国内革命斗争的理论纲领。就当时国内社会矛盾现状而言，孙中山的三民主义理论纲领是具有进步意义的。1924 年，孙中山又提出了"联俄、联共、扶助农工"的主张，为三民主义注入了时代内涵，更加完善了三民主义理论纲领。

1927 年，国民政府迁都南京，一直作为民国立国建国的理论纲领和政治纲领的三民主义，被蒋介石作为放之四海而皆准的真理运用于教育。蒋介石宣称，中国要在 20 世纪的世界谋生存，没有第二个合适的主义，只有依照孙中山的三民主义，用三民主义来做一个中心思想，强调不仅要从政治上实现三民主义，还要以三民主义作为教育的宗旨，而且，只有实现了教育上的三民主义，才能最终实现政治上的三民主义。第二年的全国教育会议通过了《中华民国教育宗旨说明书》，专门解释了"三民主义的教育"就是各级行政机关的设施、各种教育机关的设备和各种教学科目都是以实现三民主义为目的的教育。

1929 年 3 月，国民党召开了第三次全国代表大会，会议通过了《确定教育宗旨及其实施方针案》，文件规定了全国各级学校均要实行三民主义教育，根据"总理遗教"，培养青少年"忠孝仁爱信义和平"之道德，要求中等及以上大学，必须进行相应的军事训练，培养强健之体魄。这意味着国民政府的党化教育已经不再满足于政治层面上的党义教育，还从思想道德、军事训练等其他方面全面展开党化教育。一个月之后，国民政府正式发布通令，宣称："中华民国之教育，根据三民主义，以充实人民生活、扶植社会生存、发展国民生计、延续民族生命为目的，务期民族独立、民权普遍、民生发展，以促进世界大同。"[1]

此后，国民政府迫不及待地推行三民主义教育。1929 年 7 月，从党化教育的立场出发，国民政府颁布了《大学组织法》，这个法令摧毁了在中国已经形成的教授治校体制，就连北京大学也改行"校长治校"的方针，用行政领导占多数的校务会议取代评议会。[2] 现代大学精神的发育从而失去了体制基础。

1930 年，国民党政府通过了"实施三民主义乡村教育案"，

[1]
宋荐戈：《中华近世通鉴·教育专卷》，中国广播电视出版社 2000 年版，第 165 页。

[2]
萧超然等：《北京大学校史》，北京大学出版社 1988 版，第 193—194 页。

把三民主义教育从城市推广到乡村，扩大党化教育对乡村教育的控制力和影响力，完成了对中国教育领域从城市到乡村的地理空间上的全面布控。第二年，颁布了《三民主义教育实施原则》，从目标、课程、训育、设备等方面对各级学校的"党化教育"作了具体规定，完成了教育体系内部从表层到深层的全面布控。

　　但是，国民政府推行的三民主义教育，并非孙中山真正意义上的三民主义理论纲领，不过是给此前臭名昭著的党化教育披上了一件三民主义的合法外衣而已，其本质就是利用儒学、托古改制的文化复古潮流，以实现独裁的政治目的，虽然与孙中山倡导的三民主义教育有着部分的关联，但是却有明显的质的变化。这一点，在目前的教育界已经成为基本共识。当时担任教育部长的朱家骅谈论三民主义教育之时，毫不掩饰地道出了三民主义教育实乃党化教育的本质：

　　　　我们要把我们的党义，溶化在教育的核心里，因为教育是能管教人生，指导人生，是帮助人生生活唯一的利器，倘若我们把我们党义，和这个惟一利器的教育，并合为一个东西，那么我们的党义，一定是不胫而走，不推自行了。[1]

[1] 王津、孙斌：《朱家骅先生言论集》，台北"中央研究院"近代史研究所1977年版，第112—113页。

　　这种把党化教育溶化到三民主义教育之中的换汤不换药的做法，倒是给国民党政府推行党化教育带来了巨大便利，至少在具体落实过程中遭遇的阻力和摩擦，较之此前褊狭的党化教育之名少了许多。因为三民主义比党化教育更突出了革命的合法性，党化教育的专制非常容易激起进步师生的反感，而三民主义的革命精神却很具有权威性，既然要实现三民主义，必然要听从国民党的指挥，听从国民党指挥的就是革命；不服从国民党指挥的，就是不革命，甚至是反革命。如此一来，国民政府的党化教育就以三民主义的形式，成为一股席卷全国的狂潮，试图通过灌输国民党党义、封建道德和军事训练等手段，强化国民对国民党的绝对服从。

1929 年，国民政府为了便于党化教育的管理和实施，在全国各省恢复教育厅制度，省内各级学校的党化教育全部由教育厅专门下属的处室负责。各级学校在具体实施上，一般开设教务处、训育处和军事训练部三个专门教育部门。教务处负责党义教育，训育处负责党化训育，军事训练部负责军训。除了三个部门专人负责党化教育之外，一般学校还有党义教员若干人，专门负责对学生进行党义教育。此时的国民党政府各级学校，如同被党义教育严密包裹捆绑的一只只粽子，他们要把学生变成粽子里的米粒，经过党化教育的长时间熏蒸，让他们反抗的硬度和质感全部消失。

按照国民政府党化教育的办法，各级学校均开设党义课，要求每周的授课时间不少于 2 小时。当时的河北省，全省各级学校全部开设了党义课，江西的所有小学也开设了三民主义课。虽然大学和小学在讲授的内容上不尽相同，但是都是以赤裸裸灌输国民党的党义为主旨。与之相配合，学校增加了党义考试内容，党义科目为学校必修课，中小学如此，连大学也必须遵照实行。当时国内最著名的两大高校——北京大学和清华大学，均规定党义为入学考试的必考科目或毕业的必要条件。另外，政府还加强了对教科书的审查，所有涉及党义内容的教科书，必须接受国民政府严格的审查。对于编写不合格的教科书不仅没收和撕毁，而且对负责人进行严厉的处分。国民政府借助严密的审查制度和干涉教育权力，对进步师生的共产主义宣传严厉打击，在教育领域建立了一道严密防范共产党发展的监控网络。

令国民政府恼火的是，费尽心机搞的党义教育效果并不理想，相反，长期单调而机械的党义教育，不仅引发了学生们强烈的抵触情绪，而且最后连教育界的人士也看不下去。一度担任清华大学教务长的潘光旦就对国民政府处处干涉大学教育极其反感，他说自己最感觉痛苦的一点是，教育行政当局什么都要过问，而学校行政党军什么都要填报，并且动不动就要驳回，要再报。在他看来，这样的行政干预根本就是一个错误。

1932年，曾任北京大学教授、教育部司长的任鸿隽的批评，反映了当时教育界进步人士对党化教育普遍的焦虑：

> 老实说来，教八九岁的小孩们，去念那些什么"帝国主义""不平等条约""关税自由"的教课文字，不但不能得他们的理解，简直于小孩们心灵的发展有重大的妨害。[1]

[1]
任鸿隽：《党化教育是可能的吗？》，《独立评论》1932年第3号。

迫于强大的质疑和批评压力，第二年，国民政府取消了各级学校均开设党义课的规定。不过，这并没有取消党义教育，而是照搬了党化教育变身三民主义教育的策略，把党义教育融合到国文、历史、地理等其他科目中，变相地继续对"小孩们的心灵"进行摧残。

其实，国民政府妨害"小孩们的心灵"的党化教育远不止于任鸿隽批评的党义教育。为了配合政治信仰、思想道德层面的党化教育，国民政府还专门从军事训练层面上加强对孩子们心灵的牵制。1929年之前，国民政府强调军事体育训练的重要性在于强健体魄，培养纪律遵从，激励为国家风险之精神，规定参加军训的学生只限于高级中学以上的学校，且只限于学校男生。在 1928 年 7 月，国民政府发布了《高级中等以上学校军事教育方案》，就是对学生军事训练教育的具体规定。

1929 年之后，国际政治形势突变，特别是 1931 年"九一八"事变爆发，国民政府的军训性质发生了巨大的转变。此前较之党义教育、道德教育一直唱配角的军训教育，因为抗日救国的现实形势而凸显其重要地位，参加军训的学生也呈现了低龄化特点。国民政府把初中和小学也纳入为军事训练的对象，少年和儿童成了党化教育的对象。为此，国民政府在初中专门开设了童子军课程，小学生年满 12 岁就加入童子军。这一举措把中国无数天真幼稚的孩童裹挟进了党化教育的浑水之中。

针对童子军的军训宗旨也开始从体格锻炼转移到精神奴化的层面上来。1933 年发布的《中国童子军总章》规定，童子军要奉行三件事情：一是励行忠孝仁爱、信义和平，成为中华民国忠诚之国民；二是随时随地扶助他人服务公众；三是力求自己智识道德体格之健全。不难看出，强健体魄并非军训的第一要旨，最重要的是培养少年儿童的封建道德，使其绝对服从国民党的领导。此时学校军训的领导权已经被反共的特务组织"蓝衣社"（或称"复兴社"）所控制，这一反动组织在对少年儿童的军训管理上，赤裸裸地宣称重点就是"精神教育"、"精神讲话"、"绝对服从"。就这样，许多年幼无知的孩子，经过国民政府党化教育的洗脑之后，如同被注射了鸡血，亢奋激昂，蠢蠢欲动。

为了防止进步学生对党化教育的反抗，在党化教育全面深入的 1929 年，国民政府针对进步学生的"整饬学风"也渐入高潮。1929 年，国民政府发布《整饬学风令》，为党化教育保驾护航。第二年，蒋介石亲自发表了《告诫全国学生书》，鼓吹三民主义教育的同时，不忘记威吓学生遵纪守法，不得煽动学潮。这种严厉的威吓在"九一八"事变爆发之后，随着国内进步学生对国民党不抵抗政策的愤怒、批评和反抗，而发挥了切实的牵制作用，严重打击了进步爱国学生号召抗日的情绪，维护了国民政府渴望的国内稳定的局面。

在思想道德领域强化封建道德教育，是国民政府党化教育的另一个重要内容。1929年之后，以"忠孝仁爱、信义和平"为主题的封建道德沉渣泛起，被确定为全体国民遵守的国民道德。1931年，教育部下令要求全国所有学校一律悬挂"忠孝仁爱、信义和平"的匾额，并且规定所有匾额全部蓝地白字，以此启迪国民效忠国家和政党领导。不久，教育部又提出了遵从"礼义廉耻"之说，至此，以"礼义廉耻"为四维，以"忠孝仁爱、信义和平"为八德，构成国民政府思想道德党化教育的"四维八德"，通令全国学校将"四维八德"制作成匾额悬挂，以此匡正人心，挽救颓废学风。

所谓的四维，本出自《管子》中的"礼义廉耻，国之四维，四维不张，国乃灭亡"之句，蒋介石试图以封建道德维系国民对政党的绝对服从，在意识形态领域确立国民党的一党专政。此后，蒋介石在一次次的国内学校教员训话中，不厌其烦地强调恢复"四维八德"就是发扬民族固有的最高尚的精神和道德，以为一切科学之基础。在"四维八德"之中，蒋介石特别推崇作为四维的"礼义廉耻"，他所阐述的理由一语道破了党化教育的天机：一个人只有知道了礼义廉耻才能让他知道守纪律、负责任、牺牲自由。此后各级学校，无论大中学校，绝对不许自由，他们应该把他们的自由，全部贡献给国家，所以他们对于国家要遵守法律，对于社会要守秩序。

推行"四维八德"当然离不开尊孔读经。自1914年袁世凯政府为了复辟大肆推行尊孔读经而遭到可耻的失败之后，民众共和观念已经深入人心，不料，时隔10年之后，教育界尊孔读经的逆流再次涌起，只不过这次搬出孔子的目的不是为了复辟，而是为了实现国民党的一党独裁专制，反对共产主义思想的发生。

1928年11月，教育部要求全国所有学校在孔子诞辰之日停课两个小时，以示纪念。到了1934年，国民政府直接规定每年的9月28日（农历八月廿七）为孔子诞辰纪念日，这一天全国学校放假一天，并且要悬挂国旗庆祝纪念。同时，积极鼓吹中小学开设经训课程。当时在全国党化教育运动中拥有良好基础的广东

省，又一次走在了前列，省内中小学全部增开了经训课程，中学每周 5 小时，以
《四书》为读本；小学每周 90 分钟，以《孝经新诂》和《经训读本》为课本。在
广东的带动下，湖南、河北等省的中小学也纷纷展开声势浩大的读经教育。无论
是国民政府实际控制区，还是地方军阀割据地区，都借着尊孔读经活动打压共产
主义思想，封建意识形态在教育领域开始复辟。

在封建思想作祟下，国内渐趋开放的学风又一次出现"开倒车"的问题，特
别在乡村城镇学校，厚重的封建礼教道德思想尚未解冻，尊孔读经的逆流再一次
加固了民众心中的旧观念。例如，当时国民政府在乡村地区大力推进党化教育，
开设了许多民众学校，在许多学校里，异性同学之间根本无法实现同班同坐，即
使是年幼的儿童在开班之时，男孩和女孩也不愿意坐在一条凳子上；放学排队的
时候，男女同学要分开排成两行；至于在摄影的时候，男生和女生是坚决不同意
照在一张相片里的。当时教育界有人批评报道说，在举行第一届毕业典礼之时，
摄影师要求成人妇女两班的毕业生合影，费了很多的口舌，才算勉强照成。三民
主义教育对民众思想道德教育之失败可见一斑。

国民政府推行三民主义教育的理论依据是美国杜威的"生活教育说"。但是，
在具体落实过程中，由于三民主义教育从一开始就不是真正意义上的孙中山的
三民主义，所以，所谓的三民主义教育也就不可能真正地践行杜威博士的"生
活教育"。

1931 年，"九一八"事变爆发，国内民族主义情绪骤然升温。此时，被寄予
厚望培养民族精神复兴的党化教育，并没有取得理想的效果。国内教育界对党化
教育的质疑和批评再次凸显，这让国民政府此前极力鼓吹的三民主义教育陷入空
前尴尬的境地。

这一突发变故迫使三民主义教育不得不另寻途径重建民族复兴之宗旨。时
任教育部长的朱家骅认为，三民主义教育在民族复兴教育宗旨上效果不显的主

要原因在于社会上的普通人不了解民族历史精神，而"新生活运动"就是要解决这一问题。同时，"新生活运动"必须立足于教育，使青年学生能够养成新生活的习惯。甚至蒋介石也公开宣称：国家和民族的复兴，完全在于普通国民具备高尚的知识道德，如果要提高普通国民的知识道德，就必须从衣食住行这四项基本生活入手，使民众能够合乎礼义廉耻，而要做到这一点，就必须依靠教育，特别是学校教育。至此，国民政府开始转变声音，在全国教育领域推行"新生活运动"，于是，三民主义教育又回到最初的"生活教育"的原点上去，时称"新生活运动"。

1929 年 4 月，国立中山大学教育学研究所所长的崔载阳教授主持了"小学生活化课程大纲的草拟"研究，提出了小学课程三民主义化的见解和具体路径，宣称借鉴杜威的"生活教育说"，实现中国小学教育的"三民主义的生活化"和"生活的三民主义化"，以此造就"三民主义的国民"。

无论崔载阳对三民主义教育的实现必须走向生活化的理解，是否真的符合三民主义教育的本质，有一点是值得我们肯定的，就是身处党化教育旋涡之中的许多知识分子，试图努力把三民主义教育引入关注民众日常生活中去，而不是盲目照搬西方教育模式。这正如崔载阳后来反思三民主义教育成败时所说的，"摹仿的教育制度，既是从文化不同的民族移植得来，纵有些粗浅成就，也难免深创重伤。于是我们不得不深自省悟，最后返而采取那充满着固有的协进精神的三民主义为教育之最高根据"。不过，这样的实验因为三民主义教育的党化实质而只能流于形式。

当时摆在三民主义教育面前的最需要解决的现实问题是国内民众基础文化知识的严重匮乏，文盲比例奇高。1929 年，国民党《识字运动宣传纲要》估计：我国不识字的人数占总人口的 80%，有 3 亿多人。当时城市居民约有 8000 万人，已受教育者占 40%，未受教育不识字者占 60%。乡村人口占 80%，不识字者约占乡村人口总数的 90%。另据当时教育部对中国文盲的估计：全国人口数

[1]
沈厚润:《民众语文教育》, 中华书局 1948年版, 第29—30页。

为 4.5 亿, 识字者占 20%, 共 9000 万人; 不识字者占 80%, 共 3.6 亿人。[1]

与之相比, 国外资本主义国家同时期的文盲比例极低。俞庆棠, 民国时期国内著名的社会教育家, 因为长期在平民教育上的努力和贡献, 在当时被誉为"民众教育的保姆"。她曾经亲眼目睹、亲耳聆听了西方资本主义教育扫除文盲的巨大成就。1933 年, 她奔赴丹麦等欧洲七个国家考察成人补习教育。在 1923 年以前, 丹麦的文盲率是世界最低的, 只有 0.1%。俞庆棠在与丹麦教育部人员交谈过程中, 婉转地问对方: 贵国文盲比例, 恐怕很小很小了吧? 对方的回答令俞庆棠感慨万千: 在三年以前, 我们全国发现了一个 15 岁的青年, 还没有读写的能力, 我们觉得是很大的遗憾。后来调查清楚, 这个青年的神经系是不健全的, 那也不列于文盲数了, 所以我们并没有文盲。[2]

[2]
俞庆棠:《民众教育理论的探讨》, 见茅仲英、唐孝纯编:《俞庆棠教育论著选》, 人民教育出版社 1992 年版, 第277 页。

三民主义教育生活化首先需要在国内开展平民识字教育, 扫除文盲。为此, 1929 年, 国民政府在党化教育进行得如火如荼的关键时刻, 特别强调了识字教育是"各项训政建设之基本设施", 其建设好坏将直接影响到"建国大计, 及三民主义之完成", 号召全国教育部门当加以非常之重视。随后, 国民政府颁布了《识字运动宣传计划大纲》, 要求全国各地教育机构和部门加强对民众识字能力的宣传和教育。如此大规模的民众教育运动, 从表面上看, 是为了实现三民主义教育标榜的民族复兴, 但其背后显然是党化教育深入平民中间的一个重要结果。

"九一八"事变之后, 这种扫除文盲的平民教育活动越发显得重要。当时日本的文盲率极低，早在1925年，日本的文盲率就仅为0.9%，而当时中华民国的文盲率高达80%以上。平民文化程度上的天壤差距，迫使国内必须重视平民教育活动的开展。当时人感叹国际形势如此危机，而欲以大多数不识不知之民族，与世界列强争生存，考察优胜劣败之公案，岂能有丝毫胜算之希望？这种以民众文化普及水平高低衡量战争胜负的观点，固然过于狭窄，但是，在与日本争取生存的战争中，平民教育水平低下无疑是当时中国教育面临的最大问题。正是这种严峻的教育现状，促使大量平民教育家走到人民中间，开展识字教育运动，晏阳初就是最著名的一个。他曾准确地指出，中国文盲之所以如此严重，除了汉字难学这一客观原因之外，最重要的主观原因在于历代统治者采取的愚民政策——即为了巩固和维护统治阶级的政权，而不去开发民智，总是采取各种各样的愚民政策维护自身利益。

如今，三民主义教育打着民族主义的旗号，就应该承担起开启民智的责任。推广平民教育运动可以被看作三民主义教育试图解决国内高文盲率问题的一个积极行动，但是，1929年之后的三民主义教育并非致力于"民族、民权、民生"的孙中山三民主义，而是维护国民党一党专制的意识形态的强化，所以，这样的教育既无法真正切入人民的现实生活，也不可能起到良好的作用。虽然有足够的数据显示，1927—1937年的国内文盲率总的来说呈现出下降的趋势，但是，这种下降幅度是有限的，而且不可能如杜威博士所希望的那样，是教育真正生活化之后产生的成果。这可以从当时民众对民国政府强制推行的平民识字教育运动的抵触和反感中得到证明。

一日，警察到某家催促一位30多岁的妇女入学，这妇女就说："我年纪这样大了，你们倒拼命地促我读书，我的儿子，初级小学毕业了，要进高级，因为手头少了几个钱，学校就不让他进去！唉！小孩要读书没有书读，我们是没有用的人了，反要催迫吾们来读书。"警察不同这妇女理论，只是狠命地催促她进民众学校，结果她还是不去。此事被报告到教育局，局长特批这位妇女的小孩免费入

[1]
杨才林：《民国社会教育研究》，社会科学文献出版社 2011 年版，第 330 页。

学，那位妇女才答应进入民众学校念书。[1]

类似这种的大棒加胡萝卜政策，成为当时国民政府推行三民主义教育的一个重要举措。但是，蒋介石迫不及待地实施三民主义教育，企图全面加强对国民的控制，并没有获得理想中的结果。三民主义教育中的党化教育本质成为一大障碍。此前民国的教育之所以能够获得明显的发展，一个非常重要的原因是大批思想进步的教育家们尊重教育的自身规律和独立品格，虽然多有效仿照搬西方教育模式而略显僵化生硬，但是终究能够顺应教育规律，尊重教育的独立品质。如今，教育遭到政治的粗暴干涉，其发展前途的暗淡可想而知。也因为这个原因，国民政府内部主张西方民主自由的教育家们，对三民主义教育也感到不满。

退一步说，抛开党化教育的专制不谈，即使三民主义教育纲领本身，也存在着严重的乌托邦主义的不切现实的弊病。例如，三民主义教育宗旨中宣称要促进世界大同，这不禁令人想起中国数千年来许多幻想主义者对理想社会的一厢情愿。民国时期著名的作家林语堂先生曾经对中国人渴望的世界大同有过一段绝妙的嘲讽。他说，世界大同的理想生活，就是住在英国的乡村，屋子里安装有美国的水电煤气等管子，有个中国厨师，有个日本太太，有个法国情妇。林语堂对世界大同的比喻，无意中指出了三民主义教育的死穴：失去独立品质的教育，无论拥有如何美丽的政治话语，都不可能获得成功。

[2]
崔载阳：《三民主义教育哲学研究》，台北"中央文物供应社" 1981 年版，第 9 页。

1951 年，败退到台湾的蒋介石在总结大陆失败原因之时，认为是教育的失败造成了政治的失利，他特别提到教育没有树立三民主义的中心思想是其失败的最主要原因。[2] 直至此时，他依然没有意识到，不是三民主义教育没有实现而导致其败走台湾，而是即使践行了孙中山的三民主义教育，也不可能挽回其大厦将倾的颓势。

罗家伦：徘徊在学术独立与政治涉入之间

罗家伦

关于罗家伦，总有太多的话题，太多的非议。

反对者说他是"反动政客"、"御用文人"、"帮凶"，其在清华大学任职校长期间，大力推行反动的党化教育，独断专权，领导作风甚是令师生们反感。特别是民主斗士闻一多先生对罗家伦的"靠五四运动起家"而"最后堕落成反民主的人物"的评价，几具有不容置疑的权威性。而拥护者则说他在清华大学和中央大学革故鼎新，反抗强权政治，塑造了大学的灵魂。民国党化教育时代的罗家伦，究竟是怎样的一个人呢？

罗家伦（1897—1969），字志希，浙江绍兴人，出生于江西南昌的一个书香门第。幼年时代的罗家伦接受私塾教育，打下了坚厚的国学功底，后入复旦公学读书之时，同学戏称他为"孔夫子"，可见其私塾教育时期接受知识之深厚。

1917 年，正值蔡元培先生接手北京大学，罗家伦考入了北京大学，深受蔡元培倡导的自由兼容大学精神的影响。后来的罗家伦对这段北大学习生活一直念念不忘，他常常回忆其间的自由开放生活，提及当时自己经常到国文教员休息室和图书馆主任室聚会，与钱玄同、李大钊等老师相互辩论，几乎每天下午三点钟之后，这两个地方都自动聚集了大批学生。

1919 年，五四运动爆发，此前，罗家伦和傅斯年等人已经是北大公认的学生领袖，此时此刻，他们自然成为北京高校领导此次运动的学生领袖。5 月 4 日上午，准备参加游行的北京各高校代表聚集北京大学，商讨起草一份学生宣言，罗家伦被各校代表公推为学生宣言撰写人。由于马上就要出发游行，罗家伦已经没有时间去房间仔细思考，于是，他就站在桌边一蹴而就，写出了著名的《北京学界全体宣言》，全文虽然只有短短的 180 字，但是文笔流畅，气势磅礴，是五四当天中最引人注目的也是唯一的一份印刷版宣言，其最后几句已经成为五四运动中学生传诵的经典：中国的土地，可以征服，而不可以断送；中国的人民，可以杀戮，而不可以低头，国亡了，同胞起来呀！

此后，罗家伦发表《五四运动的精神》一文，在国内第一次提出了"五四运动"的概念，这也是"五四运动"之名的由来，而罗家伦本人凭借在运动中积极的精神，成为北京高校学生运动的最重要领袖之一，与傅斯年、康白情、周炳琳等人，被公认为当时的"五四"健将。1939 年，毛泽东对采访他的美国记者埃德加·斯诺这样谈起北京大学时期罗家伦的风光无限：

　　　　我的工作中有一项是登记来图书馆读报的人的姓名，可是对他们大多数人来说，我这个人是不存在的。在那些来阅览的人当中，我认出了一些

有名的新文化运动头面人物，如傅斯年、罗家伦等等，我
对他们极有兴趣。我打算去和他们攀谈政治和文化问题，
可是他们都是些大忙人，没有时间听一个图书馆助理员说
南方话。[1]

[1]
[美]埃德加·斯诺著，
董乐山译：《西行漫记》，
上海三联书店1979年
版，第127页。

1920年，年少成名的罗家伦从北京大学毕业后，凭借企
业家穆藕初捐赠给北大的奖学金资助，直接奔赴美国著名的普
林斯顿大学读书。当时与他共同出国的有五位，由于这五个人
在北京大学表现优异，这次出国留学也备受关注，当时的一家
报纸将他们此次出国比喻为"晚清五大臣出洋"考察宪政，国
人对其的厚望可见一斑。

罗家伦先到美国普林斯顿大学学习了一段时间，随后，他
又到哥伦比亚大学听课。美国两所著名大学的学习经历，开阔
了罗家伦的知识视野。尤其是在哥伦比亚大学期间，他跟随著
名教育家杜威学习，成为当时国内教育界拥有极大影响力的杜
门弟子之一。1924年，罗家伦前往欧洲著名的柏林大学历史
研究所攻读硕士，一年后，又奔赴法国巴黎大学和英国牛津大
学访问学习。短短的五年时间，罗家伦先后在美国、德国、法
国和英国四国的五所著名大学学习访问，其游历之丰富，知识
之渊博，在当时学界同辈中属于佼佼者。

1926年，罗家伦回国后积极参与了北伐战争，并加入了
中国国民党。党员背景是他生涯中极其重要的事件。因为就在
一年之后，他被任命为清华大学校长，而当时被推荐的清华大
学校长人选多达30余人，其中包括清华大学最著名的国学大
师之一赵元任，而最终罗家伦获胜。这当然引起了当时很多的

质疑和猜测，认为罗家伦是依靠国民党党员的政治资历才获得校长之职位的。

古人所谓天意弄人，也许最适合用在此后的罗家伦身上：他拥有满腹才华，在大学管理上实现了革故鼎新，成为大学灵魂的塑造者，但是，在他入党之后，正值国民党党化教育全面推进的时期，政治干涉大学教育引起国内大学教师们的普遍反感和愤慨，有党员身份的罗家伦便成了众矢之的。身为国民党党员，他必须履行蒋介石亲自委派给他的党化教育的重任；身为开明的知识分子，他又不愿意放弃教育独立自由思想。政治耶？学术耶？罗家伦处于两难的境地。无论选择哪一方，都会遭到另一方严厉的打击和批评，而他清华大学、中央大学校长的特殊身份，无疑把他进一步置于炭火之上。

1928 年，清华学校正式改名为清华大学，就在此一年以前，罗家伦接受了国民政府的任命，正式取代此前的校长梅贻琦，当时的罗家伦年仅 31 岁。从此，清华大学进入了所谓的罗家伦时代。

众所周知，蔡元培在北京大学开创的"教授治校"，首开民国时代国内大学尊重教育独立地位之先河。这一管理模式经过蔡元培之后历任校长的继承、探索，以及清华大学、南开大学、东南大学等其他大学的借鉴、转化，虽然在具体的管理模式上并不相同，但是，作为一种成熟的民主管理体制、一种时代潮流，已经得到教育界普遍的认可。

1926 年，清华大学也被裹挟进了"教授治校"的潮流，颁布了《清华学校组织大纲》。依据此大纲，学校成立了教授会、评议会等教授群体组织，并且赋予了教授会和评议会等具体的权力。评议会享有制定全校教育方针、校内规则，决议各学系、机关设立废止，学位授予，教职工聘任等大权；教授会则有权力决定选举评议员、教务长，审定课程等权力。至此，清华大学开始了以评议会、教授会为制度基础的教授治校的管理体制。

1927 年，蒋介石在全国加强了党化教育推行的力度，颁布了《大学组织法》等教育法令，加强了政府对大学行政方面的干涉和控制，试图全面掌控国内高校的行政领导，镇压高校的进步思想，稳固国民政府统治。

罗家伦接手清华大学，正值国民政府党化教育向全国大学渗透之时，清华大学也属于党化教育重点渗透的对象。而此时"教授治校"的民主管理模式已经深入人心，顺应前者必将激起清华大学教授们的普遍反对，而拒绝党化教育国民政府那边又无法交代。为此，罗家伦采取了铁腕治理学校的政策。

罗家伦对清华大学的教师队伍进行了重新洗牌，原有的教授只续聘了极少一部分，加大了从校外引进著名学者的力度。此前国内大学校内教师派系斗争激烈，毕业于同一大学的教师往往拉帮结派，动辄以集体辞职向校方领导施压，再加上文人相轻的传统，知识分子之间相互贬低谩骂，此风已经成为高校管理中的一大通病。在罗家伦外聘的教师中，毕业于清华大学的仅占三分之一，大批来自国内其他著名大学的老师被聘请来清华任教，此举不仅大大改变了清华大学部分教师依仗毕业母校而以老资格自居的痼疾，而且杜绝了学术上的近亲繁殖，为清华大学输入了新鲜的血液。但是，罗家伦引进北大时期的同学冯友兰、杨振声，却引起了当时部分知识分子的猛烈攻击，攻击者批评罗家伦重用"自己人"排挤学校里的清华帮，从而在教师中培植个人势力。其中，尤其以罗家伦带来了所谓的"四巨头"教授，分别担任清华大学教务长、秘书长、院长等重要职位的攻击为甚，甚至有人造谣说罗家伦试图用北大并吞清华。然而，罗家伦自执一词，他本人宣称自己从未在聘任教师中夹杂个人情感亲疏远近，不会用教师地位做交易，甚至他从来不知道有所谓的学校派别。

罗家伦北大时期的同学、在当时被攻击为罗家伦带到清华的所谓"四巨头"之一的著名哲学家冯友兰，后来回忆这段纷争时说，罗家伦来清华主持工作的时候，并没有像社会上说的带了四个自己人，而是只带了一个秘书，所谓的"四巨头"是罗家伦到了清华之后，从其他大学中挖来的冯友兰、杨振声等已经在社会上具有强大影响力的学者。至于被外界传闻的罗家伦和清华大学教授们之间关系恶劣关系亦并非实情，因为罗家伦当校长之前，清华归外交部不懂得教育的官僚管理，是罗家伦让清华脱离了外交部旧官僚的桎梏，这才有了国立清华大学的诞生。而罗家伦的这个主张，当时也得到了清华教授会的支持。

吴宓是当时清华大学最著名的学者之一。在新文化运动时期，吴宓曾经与罗家伦关于白话文问题有过激烈的交锋。罗家伦担任清华大学校长之后，据说吴宓心中不安，专门托赵元任先生打听消息。罗家伦听说此事之后说：我们当年争的是文言文和白话文，现在他教的是英国文学，这风马牛不相及。如果他真的能教中国古典文学，我就请他来任教，我不是那样褊狭的人。关于此事，虽然至今流传有许多不同的版本，但学界公认，在罗家伦主持清华大学的两年时间里，吴宓确实没有受到罗家伦的任何刁难。而当时国内最负盛名的国学大师陈寅恪先生，对罗家伦在清华大学时期的成就也给予了极高的评价。他说罗家伦让清华大学正式成为一座国立大学，功德是很高的。这个评价还是比较客观公正的。

1930 年 5 月，罗家伦离开清华大学南下武汉。不过他的离开颇具黑色幽默——他是在一片驱逐声中狼狈地离开了清华的。罗家伦遭到驱逐的原因众说纷纭，但据说主要是因为他主持清华大学期间的铁腕手段。

当时的清华大学因为学费的高昂被公认为贵族大学，为此，学生代表与罗家伦交涉，提出"全体免除学费"，罗家伦虽然将每年 40 元的学费减半，却依然与学生们的要求相差甚远，此举引发学生们的普遍不满，由此树立了学生和校方之间的对立情绪。

恰逢此时，罗家伦向清华大学灌输军事化管理思想，要求全校学生参加军事训练，曾经在北伐革命战争中有着上佳表现的罗家伦，此刻豪情万丈，竟然以军人的标准要求清华学生，实行严格的考勤惩罚制度。

当时清华规定，早操缺勤就要记小过一次，记小过三次以上为一次大过，三次大过就要开除。据说张岱年仰慕清华大学之名，已经被北师大录取仍然坚持进入清华大学，不幸遇上严格的军训，苦不堪言，最终弃清华转投北师大。此事真伪说法不一，但是本来因为学费问题已经对罗家伦心怀不满的学生们，确实立即将怒火发泄到军事化管理上。同时，清华教师也对军训非常不满，他们认为此举是为了迎合国民党党化教育中的军事训练，属于典型的政客行为。如此一来，罗家伦在清华大学的人缘自然无比之糟糕。

1932 年，罗家伦出任中央大学校长一职，直至 1941 年辞职。这 10 年被普遍认为是罗家伦一生中最辉煌的一页。他在中央大学做出的最重大贡献是提升了中央大学与政治地位相对称的学术地位。中央大学在他接手之前，完全是一个没有人愿意收拾的烂摊子，如果不是当时的教育部长朱家骅苦苦相求，让他以国家利益为重，估计罗家伦也不愿意接手。然而，事实表明，他用了 10 年的时间，把中央大学提升到了另一个更高的层次。这要得益于他对中央大学建设目标的定位之高，以及在乱世采取了切实有效的保护措施。

1937 年，抗日战争全面爆发之后，罗家伦曾经这样说：我们抗战，是武力对武力，教育对教育，大学对大学，中央大学所对着的是日本东京帝国大学。由于有这样一个宏大的目标，中央大学在罗家伦时代进入了一个辉煌时期。从 1938 年开始实行全国统一招生的几年中，当时有三分之二的考生都将中央大学作为第一志愿来填报，人数远超当时的西南联大。到了 1941 年，罗家伦辞职之时，中央大学已经发展成为国内高校中规模最大的高校。

罗家伦的贡献在于，早在抗战全面爆发之前，就已经为中央大学搬迁内地做了充分的准备。在他的周密安排下，中央大学所有的设备、仪器、图书等全部安全运抵四川，甚至连航空工程系用来教学的三架飞机，医学院用来解剖的 24 具尸体，都被完好无损地搬运到四川，为中央大学在内地继续开学提供了宝贵的设备资料基础。而这一点正是当时从沦陷区迁入内地的大学所无法具备的。虽然此举让罗家伦遭受许多人的嘲讽，时人称其为逃兵，说日本人还没来他就已经吓得把中央大学全部家当运送到四川，但是，这一举动无疑保全了战乱时代的中央大学，成为其战后重建的基础。

然而，罗家伦的宏大教育理想与国民党党员身份不可调和，注定了他迟早要落入政治和学术两难选择的陷阱，乃至蒋介石本人亲自问了教育部长王世杰：为什么罗家伦任大学校长总是招致如此多的反对和诋毁？王世杰回答说：因为罗家伦不肯拿大学教师的位子做人情。果然，罗家伦担任中央大学校长期间，因为自己的做事风格而招致许多人的反对，虽然没有像主持清华大学时一样落到与全校学生树敌的程度，但是，也不得不从如日中天的中央大学校长之位上辞职。此后，他历任中央大员考察边疆党务工作，出任民国驻印度大使等职位，最终于 1969 年，走完了自从五四之后饱受是非争议的一生。

罗家伦本人曾这样说："凡是一件历史的事迹，时代隔得愈远，其意义和影响，愈看得清楚。"[1]这句话也许可以让我们看出总是身处争议漩涡之中的罗家伦的无奈和困惑。如今，距离罗家伦主持清华大学、中央大学已经相隔很远，关于他的是是非非，今人应该看清楚的是，不能因为他的身份而将其贴上政治的标签，从而完全否定这个人在教育上的贡献。

[1]
罗久芳：《罗家伦与张维桢——我的父亲母亲》，百花文艺出版社 2006 年版，第 150 页。

【三】

1936 年：生活教育

1936 年，生活教育的倡导者陶行知发表了《生活教育之特质》一文，这位早年师从哥伦比亚大学杜威先生的中国弟子，无疑是 20 世纪二三十年代生活教育运动的最忠实倡导者。从美国留学回来以后，他就试图用杜威的经验主义教育哲学挽救中国，先是倡导平民教育，然后是乡村教育，经过反复实践，最终确定了生活教育之路。

当时的哥伦比亚大学几乎成为后来的第三世界国家教育的摇篮，它拥有杜威、孟禄、桑代克、罗素、克伯屈等世界顶级教育大师。在中国近现代的 265 名教育家中，有留学经历（不包括短期出访）的有 142 人，其中留学美国的 78 人，日本 39 人，德国 14 人，法国 13 人，英国 12 人，俄国 2 人，比利时 1 人，加拿大 1 人，共 160 人次。在留美学生的 78 人中，有 34 人是哥伦比亚大学的毕业生。[1] 而这些毕业生后来大部分成为中国教育的领军人物。郭秉文、蒋梦麟、黄炎培、陶行知、胡适、张伯苓等悉数出于哥伦比亚大学杜威门下。他们回国的同时，也把杜威先生的教育哲学搬运回家，并且加以宣传、实验和推广。

很遗憾的是，杜威博士的教育理论被移植到中国的土地上

[1]
陈平原：《老北大的故事》，江苏文艺出版社1998 年版，第182 页。

后，结出的果实就像一只香蕉，外表虽然是黄色，果肉却依旧是白色。于是，曾经忙于搬运杜威教育理论的中国留学生，在经历了盲目套用西方理论引发的不适应证的苦痛之后，从被动的模仿者变成主动的创造者，由此成就了中国生活教育运动潮流。

生活教育在中国大地上的兴起，折射出 20 世纪 20 年代中国教育严重脱离现实生活之痛。1926 年，陶行知在《中国乡村教育之根本改造》一文中批评中国社会教育脱离生活的畸形乱象："中国乡村教育走错了路！他教人离开乡下向城里跑，他教人吃饭不种稻，穿衣不种棉，做房子不造林……"

为了纠正国内教育的不良之风，乡村教育和职业教育成为教育家们的一剂良药。20 年代，一场号召知识分子走向乡村的乡村教育运动，以及针对平民职业技能训练的职业教育运动，在国内呈现出爆炸的态势，晏阳初、陶行知、黄炎培等教育家纷纷开展平民教育实验。不过，面对知识分子的热情万丈，寂寞的乡村虽然呈现出一片学习知识和技能的热闹景观，中国的平民特别是乡村教育确实取得了很大的成绩，但是热闹喧嚣过后，统治乡村千年的传统思维观念依然根深蒂固，教育脱离现实的问题并没有被彻底根除。面对如此状况，有的教育家坚持继续前行，如晏阳初、黄炎培等人，他们认为只有将自己从事的教育进行到底，才能彻底改变教育现状；有的则开始反思自己从前教育的不足，尝试着新的教育内容，如陶行知等人。不论前者还是后者，都在试图让教育回归到现实生活的路径上去。其中，陶行知的晓庄师范学校试验最有效果。

1927 年 3 月 15 日，北伐军进攻南京的硝烟正浓，在南京北郊的老山脚下，晓庄试验乡村师范学校正式开学。这是一片与当时国内所有学校均格格不入的实验区：校内有田地二百亩，供学生耕种；荒山十里，供学生造林；极少经费，供学生造房；学校数所，供学生实习；教员数人，供学生请教。学校的培养目标宣称：农夫的身手、科学的头脑、改造社会的精神。至于入学考试的科目尤其独特：一、农务或木工操作一日；二、智慧测试；三、常识测验；四、作文一篇；

五、三分钟演说。学校特别声明：小名士、书呆子、文凭迷最好不要报考本校。

晓庄师范第一期招收到了来自江苏、上海、安徽、浙江、湖北等地的 13 名学生，其中包括来自清华大学二年级的学生操震球。一年前，正在清华大学读书的操震球看到了陶行知准备创办这所学校的简章，兴奋之情难以抑制，立即写信给陶行知，表达自己跟随陶行知从事乡村教育的愿望和决心。陶行知立即给操震球回信一封，他在信中如此问道：

> 田家生活是要蛮干的，您愿意吗？您能打赤脚在烂泥里奔走吗？您不怕把雪白的脸晒得漆黑吗？您不怕软手上起硬皮吗？您不怕在风霜雨雪中做工吗？您不怕挑粪吗？您愿意和马牛羊鸡狗猪做朋友吗？[1]

[1]
华中师范学院教育科学研究所主编：《陶行知全集》（第二卷），湖南教育出版社1985年版，第151页。

在得到对方肯定的回答之后，陶行知欣然接受了操震球来晓庄师范。操震球毅然舍弃清华大学，投身于乡村教育，成为晓庄师范的第一批学员。陶行知在写给母亲和家人的信中，专门谈到 13 人投考之事，他非常高兴地说，居然还有 13 位来应试，"可算难得"，大家都为他们庆贺，来的人都非常有精神，"真是可喜"。

最初，学校设有乡村小学师范院和乡村幼稚师范院，院长分别为赵叔愚和陈鹤琴。以此为基础，晓庄学校又逐渐建成中学、民众学校、晓庄剧社和商店，等等。第二年，晓庄试验乡村师范学校改名为晓庄学校，短短的一年时间，晓庄已经成为国内著名的生活教育实验学校。学校提出了"筹募一百万元基金，征集一百万位同志，创办一百万所学校，改造一百万个乡村"的目标。在晓庄的每天寅会上，陶行知都坚持发表演讲，逐步介绍"生活即教育"、"社会即学校"、"教学做合一"。陶行知的生活教育理论正式形成，随之以晓庄学校为样本，逐渐风行中国。这是中国新教育运动从照搬西洋模式向中国本土化转变的崭新阶段。

在陶行知的带领下，晓庄学校的生活教育有声有色地全面展开。就在学校灌输的进步思想全面开花的时候，蒋介石和阎锡山、冯玉祥等军阀之间的矛盾激化，中华大地上战云密布，烽烟四起。国民政府在军事上与冯玉祥、阎锡山等军阀斗争的同时，也不忘记在教育上严厉打击一切支持或倾向于对手的势力。陶行知支持晓庄学校的共产党员参加全市学生反帝爱国游行，并受到冯玉祥的礼遇厚待，遭到蒋介石的嫉恨。1930 年 7 月，在蒋介石的密令下，晓庄学校被查封，陶行知遭到通缉，被迫流亡日本。

晓庄学校遭到查封，生活教育实践受到重创，却并没有因此终结。1931 年，陶行知返回国内，发表了一系列文章，继续宣传他的生活教育理论。不久，由陶行知、高士其等人开展的著名的"科学下嫁"活动，把科学普及到工农大众中去。1932 年，陶行知又在上海创办了上海工学团，这是一个以"工以养生，学以明生，团以保生"为宗旨的社会教育组织，招收广大农民子弟入团。对于这个教育组织的性质，陶行知解释说，乡村工学团是一个小工场，一个小学校，一个小社会。在这里面包含着生产的意义，长进的意义，平等互助、自卫卫人的意义。每天上午组织学生学习文化知识，下午则参加生产劳动，晚上则由儿童团员请当地农民或者儿童自己到工学团创办的茶园里讲故事。这种即知即传的小先生制度在全国迅速普及，成为三四十年代平民教育普及大众知识的著名方式。实际上，这种生活教育把学校、工厂和社会融为一体，就是晓庄学校时期生活教育的大众化和普及化。

1936 年，中日矛盾一触即发，挽救国家危难成为国内教育家们必须面对的现实社会问题。2月，旨在开展国难教育运动的国难教育社正式成立，陶行知担任理事长，自此，陶行知倡导的生活教育延伸到国难现实社会问题层面，这是生活教育理论密切关注生活现实，用现实生活教育学生的一个创造性成果。

从1926年到1936年，陶行知用了整整10年的时间去践行他的生活教育。生活教育已经不再是杜威的"教育即生活"，而是适应中国现实国情而创造出来的"生活即教育"。两年之后，在桂林，"生活教育社"正式成立，凭借在生活教育上的巨大贡献，陶行知被推选为理事长。至此，这一源自西洋、嫁接到中国土地上的教育理念，成功地在中国落地生根。

杜威说，"教育即生活"。陶行知则说，"生活即教育"。师徒二人都是生活教育的倡导者，陶行知曾说他的生活教育理论是把老师的教育思想"翻了半个筋斗"，但是，内容迥然不同。为了区别自己的生活教育与老师的不同，陶行知甚至专门声明：杜威先生的生活教育是假的，自己的生活教育是真的。

杜威生活在资本主义全面崛起的时代，赤裸裸的商品物欲观念充斥社会，他的生活教育诞生于这样的现实背景之下，不可能褪去资本主义商品物欲文化的胎记，他所说的生活教育在本质上就是一种经验主义，学生所学的不过是生活本身，即要做什么就学什么，完全为了具体的生活的实用，这样的教育模式固然可以让学生贴近生活，但是也造成了学生的过于短视和功利。

陶行知早年一度信奉王阳明的"知行合一"、"先知后行"学说，甚至改名"陶知行"，这个时期他的教育哲学与杜威的生活教育哲学理念是完全一致的，这也正是陶行知早期如此尊崇杜威生活教育的重要原因。后来他逐渐认识到"先知后行"是唯心学说，于是，又把名字改为陶行知，寓意"行是知之始，知是行之成"。这种转变导致其从杜威的生活教育中"翻了半个筋斗"，由此突破了杜威过于狭隘的物质生活的理解，把教育与人类最广阔的社会生活血脉相连。

陶行知的生活教育指的是"生活所原有，生活所自营，生活所必须"的教育。

一言以蔽之，教育必须以生活为中心，是生活的、行动的、大众的、前进的教育。生活教育的基本思想可以用陶行知的三句话来概括："生活即教育"、"社会即学校"、"教学做合一"。

"生活即教育"是陶行知生活教育思想的核心。在陶行知看来，生活和教育的关系是生活决定了教育，有了生活就必然需要教育，教育的根本意义就是生活之变化，生活无时不变，那么，生活无时不含有教育的意义。

1929 年，陶行知宣称晓庄的生活教育分为六个目标：卫生健康的生活、劳动的生活、科学的生活、艺术的生活、改造社会的生活、有计划的生活，引导学生参加进步的生活活动，这六个方面几乎包括一个学生在当时生活的全部内容，学生通过这些生活学习，最终解放天性、恢复人的真性情，"生活即教育是要解放人类的"。

在晓庄学校，一切教育都以现实生活为中心，学校的大礼堂取名为"犁宫"，图书馆则挂着一块"书呆子莫来馆"的匾额。学校没有系统的理论课程，学生不仅要自己扫地、抹桌、做饭、洗碗，还要亲自下田耕地，亲自上山砍树造房。而陶行知亲自为学校创作校歌《锄头歌》，歌词"手把锄头锄野草，锄去了野草好长苗呀"，也道出了晓庄学校致力于生活教育的教育宗旨。多年以后，现代著名作家曹聚仁先生在《忆陶行知》一文中开头如此写道：

> 我正在执笔写稿时，某电台正在播某小姐唱的《锄头歌》：电台中人根本不知道这是南京晓庄师范的校歌。"手把锄头锄野草，锄去了野草好长苗呀"的歌词，出于晓庄师范校长陶行知兄之手，根本不是什么民歌，那位小姐唱的那么肉麻，陶兄地下有知，一定会叹息不已吧！

特别重要的是，陶行知的生活教育强调了教育随着生活的发展而不断向前滚动。1934 年，陶行知宣传普及教育的演讲中，批判当时的教育制度是一种短视而短命的教育，号召实行整个寿命的教育，即活到老、学到老、做到老、教到老。抗战时期，他宣传，战时生活就是战时教育。抗战胜利后，国民党独裁统治，陶行知又号召在争取民主的生活中学习争取民主。最初，陶行知倡导生活教育之时，一度强调个人生活经验与教育的关系，甚至喝几碗豆浆、洗几次澡都要专门列入教育计划，让学生对照执行，这时候的生活教育还是仿效杜威的个人经验主义的理论。而经过多年的探索，陶行知终于把生活教育的方向从孤立的、静止的个人经验转移到普遍的、动态的现实生活上去，还原了教育源自现实生活的本真，这种强调教育与生活的"与时俱进"思想，显然是对杜威生活教育理论的超越。

"社会即学校"是对杜威的"学校即社会"的改造。杜威的"学校即社会"看起来是学生在学校中受到大社会的训练，但是本质上仍然是一种鸟笼模式的教育，因为被引进学校里的社会教育不过是整个社会的一个触角而已，如同从广阔的森林中折断几根树枝放入鸟笼，让鸟儿学习进入森林生活的技能一样，鸟儿依然没有真正享受到广阔森林的自由。那么，让学生获得真正的社会知识，就不能仅仅局限于学校里的社会，而应该投身于整个社会中，从广阔的社会上学习知识才是真正的社会学校。他曾豪迈地把社会比作一个大学堂：青天是圆顶，大地是地板。太阳月亮是读书灯，二十八宿是围墙。人民创造大社会，社会变成大学堂。简言之，"社会是大众唯一的学校"。如此气魄，大有其先祖陶渊明身上的魏晋风度。

为此，陶行知宣传"本校只有指导员而无教师"，因为他们相信没有专门能教的老师，只有经验稍深或学识稍好的指导者。所以，农夫、村妇、渔夫、樵夫等，一切人皆可以做学生的指导员，同样，马路、乡村、工场、监狱、战场等，一切社会场所均可以做学生学习的场所。1936年，陶行知在《生活教育之特质》一文中热情地号召学生：

　　为着要过有意义的生活，我们的生活力是必然的冲开校门，冲开村门，冲开城门，冲开国门，冲开无论什么自私自利的人所造的铁门。所以，整个的中华民国和整个世界，才是我们真正的学校咧。[1]

[1]
陶行知：《生活教育之特质》，见《陶行知全集》（三），湖南教育出版社1985年版，第27页。

　　"教学做合一"是受到杜威的"从做中学"的影响，但是，陶行知的生活教育则打破了杜威的"做是唯一"的理念，创造了教学做是一件事的三个方面，而不是三件事的崭新教育思想，将之改造为教与学的结合，把知与行、理论与实践、教育与生活结合起来。为此，他在晓庄师范办学中，创造性地提出了"小先生制"。在晓庄，所有初学者都是没有学习者的老师，初学者在获得了点滴的知识之后，立即承担其教育其他未学者的责任，即使是乡村孩童，也可以来学校讲故事供他人学习。这一教育模式完全颠覆了传统的师道尊严，形成了一个普及知识的热潮。晓庄学校被查封之后，连晓庄小学也被强制停办。后来，晓庄小学的孩子们就自动组织起来办了一所小学，命名为佘儿岗儿童自动学校，在这所学校里，学生们完全采用互助互学方式，连小学的校长、教员都是由小孩子们自己担任的。陶行知专门为此写了这样一首诗："有个学校真奇怪，小孩自动教小孩；七十二行皆先生，先生不在学生在。"

　　按照他的设想，全国有小学生一千多万人，还可以通过改良私塾的办法，获得大约相同数量的小先生，如果再加上店铺里的有知识的学徒一千多万人，这样全国小学生总动员做小先生，便至少有六千万人可以向着现代化开步走。而陶行知发明的这种"小先生制"极得他母亲的支持和赞赏。当时陶母年事已高，为了支持儿子的教育工作，她主动要求亲身实践这一方法。为此，她让陶行知的大儿子陶宏负责教育二儿子陶晓光，然后再由年仅六岁的陶晓光来给她当"小先生"。在小先生的教育下，陶行知的母亲一个月就读完了《平民千字课》的第一册。对此，陶行知高兴地写诗赞誉母亲和孩子："吾母五十七，发愤读书籍。十年到如今，工学无虚日。""小桃方六岁，略识的和之。不曾进师范，已会做人师。"小桃即指陶晓光。

在他的倡导下，到1935年，"小先生制"已经推广到全国23个省市，并且取得了相当的成效。对此，陶行知曾经骄傲地宣称，小先生脚迹所到的地方，男女教育机会立刻均等。在小先生面前，失学的女子是一点也不害羞，有什么不懂的都大胆地问。小先生连新娘房里，都能够钻进去上一课。受到陶行知"小先生制"的启发，当时国内陕甘宁边区、山东解放区等地也采用了这种方法扫除文盲，均收到了良好的效果。陶行知倡导的学生教学生的教育方式，在当时受到许多人的嘲讽，但即使放在今天，这种教育方式仍然具有充分的科学依据。教育心理学研究测试表明：不同的教学方式产生的教学效果大不相同。在不同的教学方式下，学生对所教内容记住的概率大致为：教授讲授占5%，学生讨论占50%，学生实践占70%，学生教别人占95%。但是，就目前我国教育方式现状而言，教师讲授占95%，学生讨论占45%，学生实践占20%，学生教别人占5%。生活教育能够在当时的条件下提出这样的教育理念，实是极具远见。

在陶行知以晓庄师范作为实验区践行他的生活教育之时，一大批志同道合的教育界精英也在各自的方向上推行这种教育。陈鹤琴、赵叔愚、郑晓沧、俞子夷、杨杏佛等，他们或与陶行知一起共创晓庄师范，或在其他地方推行新教育。其中，陈鹤琴倡导的"活教育"理论，既延续了陶行知的生活教育，又把生活教育引领到另一个更深入的方向。

陈鹤琴，浙江上虞人，幼年入私塾学习，对于这段长达六年的私塾生活，后来的陈鹤琴如此回忆和评价："六年最宝贵的光阴，除了认识三四千字之外，可说几乎完全付之东流，今日思之，惟有惋惜、感慨、痛恨而已。"1911 年，他考入上海圣约翰大学，后转入北京清华学堂，毕业后奔赴美国留学，先后就读于霍布金斯大学和哥伦比亚大学。据说，23 岁的陈鹤琴在清华学校毕业后奔赴美国留学的船上，与朋友谈起学习医学还是学习教育的人生选择问题，在经过激烈的思想斗争之后，最终下定了决心：我是喜欢儿童的，儿童也是喜欢我的，我还是学教育回去教他们的好。多亏他的这个决定，民国教育历史上的儿童教育天空才显得如此光彩熠熠。

陈鹤琴

陈鹤琴与陶行知一样，都受到哥伦比亚大学杜威教育理论的影响。陶行知回国后积极倡导生活教育，而陈鹤琴最初与陶行知同在南高师任教，深受陶行知的影响和帮助，两个人在教育观念上十分默契。早在 1925 年，陈鹤琴的《家庭教育》一书出版，陶行知阅后大力赞扬，说陈鹤琴先生的社会教育理念与他的生活教育主张不谋而合。两年之后，陶行知创办晓庄学校之时，陶行知任校长，当时的陈鹤琴担任第二院（幼儿师范）院长。陶行知的"社会即学校"的生活教育理论对他产生了重要影响，十多年之后，他创办了《活教育》月刊，在《活教育》发刊词中说："'教死书，死教书，教书死；读死书，死读书，读书死'这两句话是陶行知先生在十年前描写中国教育腐化的情形，这种死气沉沉的教育到今天恐怕还是如此，或许更糟一点。"

显然，陈鹤琴面对着和陶行知同样的教育现状，为此，他创立了"活教育"理论，作为对陶行知先生提出问题的解答，这就是要使教育"教活书，活教书，教书活"，使儿童"读活书，活读书，读书活"。这种教育理念从根本上说，就是陶行知的"社会即学校"的延伸、拓展和创新。

1934年，陈鹤琴前往欧洲，对英国、法国、德国等11个国家的教育进行考察。在比利时布鲁塞尔的德可罗利学校考察期间，该校的崭新教育方式再一次震撼了陈鹤琴。他认识到要挽救中国教育的落后，必须彻底打破传统的课程固定、教材呆板的教育方式，应该充分利用大自然、大社会，从这些活的教材中学习鲜活的知识。1935年，陈鹤琴结束考察回国，开始逐步梳理年轻时期留学回国之后一直探索的教育理论，从编写相关教材、读物入手，创办《活教育》理论刊物，介绍、宣传和推行自己的"活教育"。

此时国内的儿童教育几乎都是照搬美国模式，用他的话说，孩子听的故事是美国的故事，看的图画是美国的图画，唱的歌曲是美国的歌曲，玩的玩具、用的教材，也有许多是美国的，甚至连教儿童的方法也是美国化的。并不是说美国化的东西不能用，而是落后的中国与先进的美国在国情上有着巨大的差异，在这样的情况下，盲目照搬美国教育模式教育儿童，中国的孩子未必能够完全接受和消化这些西洋产品。

为了让中国的儿童摆脱清一色的美国教育模式，吸收纯正的本土化营养资源，1936年，陈鹤琴专门为小学编写了《最新英文读本》、《最新英文字帖》、《儿童国语课本》、《儿童作文课本》等教材和读物，此后，他还与陈选善共同主编了《小学自然故事》丛书、《中国历史故事》丛书。

当然，有了本土化的鲜活内容的教材和读物是远远不够的，因为再好的教材落到旧教育的模式当中，都无法让学生受益。最关键的并不是为儿童提供新鲜的教材读物，而是在教学的内容、过程和方法上构建一个活教育体系，为中国儿童撑开一片自由的天空。由此，他开创了著名的"五指活动"教育理论。

陈鹤琴的"活教育"主要集中在他对儿童教育包括幼儿教育和小学教育的研究上。他曾以人的五个手指连为一体作为比喻，形象地表达他的"五指活动"理论，意思是说这五个方面的活动如同长在一个手掌之上的手指头，是活动的，是可以屈伸的，更是相互联系的。"活教育"的主要内容包括儿童健康活动、社会活动、自然活动、艺术活动、文学活动。健康活动的内容是饮食、睡眠、早操、游戏、户外活动、散步，等等。社会活动的内容是朝夕会、周会、纪念日、集会、每天的谈话，等等。自然活动的内容是栽培植物、饲养动物、研究自然和认识环境，等等。艺术活动内容则包括音乐、美术、手工制作，等等。文学活动内容包括讲故事、唱儿歌、猜谜语，等等。

这种活动内容的设置与陶行知生活教育的六个目标有着异曲同工之妙，都是强调对教育对象全面而科学的培养，同时，丰富的生活本身就是教育。对于儿童而言，儿童的生活才是儿童的教育，教育家们需要从成人的残酷里把儿童解放出来。明白了这一点，我们就不难理解他积极赞成并支持陶行知把儿童教育放在工厂和农村这一大社会的根本原因。

在活教育的整个理论体系中，通过细致观察获得直接的经验是其实施的基础。1920 年 12 月 26 日，陈鹤琴的长子陈一鸣出生，陈鹤琴从长子出生的一刻开始，进行了长达 808 天的追踪研究，详细记录了陈一鸣的语言、动作、情绪等变化过程，这是我国儿童教育以实验观察的方法进行个案研究的起点。其中，从第 82 天到 808 天详细记录了陈一鸣游戏的变化发展特点。同时，他还认真观察、收藏了儿子陈一鸣从 1 岁到 16 岁之间所有的绘画习作 561 张，然后按照年龄增长顺序以及绘画的变化特点，选取了其中的 205 张作为儿童绘画心理变化过程研究的第一手资料。后来，陈鹤琴提出的儿童游戏教育思想都是以此为基础的。通过详细的观察记录，陈鹤琴不仅引领我们发现了一个被成人忽略却无比丰富的儿童世界，而且，他印证了社会才是儿童兴趣的源泉：

> 出生后 5 天，竟能盯眼似的看着灯光……到了后来，非常喜欢到外边去在路上看行人和各种动物……小孩子到了四五个月的时候，一看见东西，立时就要用手来拿……到了八九个月的时候，小孩子很喜欢拿了东西敲敲。到了 1 岁光景的时候，很喜欢用手去推凳子和去拉椅子。照这样看来，上面所说的灯光、人们、物件、凳子和声音都是孩子拿来当做玩具看待的。[1]

[1]
北京市教育科学研究所编：《陈鹤琴全集》（第2卷），江苏教育出版社1987年版，第235页。

实验观察是"活教育"实施的第一步，然后是阅读参考、发表创作、批评研讨。按照陈鹤琴的做法，如果一个学生要研究某一对象，实地研究观察是第一个步骤，即"实验"阶段；第二步，看一些关于研究对象的参考书；通过详细的观察和阅读相关的参考书之后，就可以写一篇关于研究对象的报告、故事或童话等等，即第三步"发表"；最后，所有的同学都要和教师一起总结检讨这个学习过程，相互学习研究。

在整个教学过程中，教师完全抛弃传统的填鸭式教育模式，只起到引导、供给、指导和欣赏的作用，给学生最大限度融入社会的机会。为了保障教学的质量，四个阶段都在特定的环境之下展开，而不是放任自流进入毫无控制约束力的社会。在他们进入真正的社会之前，陈鹤琴为他们的学习设置了一个特殊的小社会。在第一个阶段，学生们的学习场所是小动物园、小花园、小游艺场、小工场、小图书馆。在第二阶段，学习场所是小工场、小农场、小社会、小美术馆、小游戏场。在第三个阶段，学习场所则变为儿童工场、儿童农场、儿童科学馆、儿童世界、儿童艺术馆、儿童运动场、儿童服务团等场所。[1]

通过这些特殊的社会场所，陈鹤琴引领学生进入一个既可以学习知识又可以了解社会的鲜活空间。如果因为条件限制，在教学过程中无法找到上述适合的地方，或者在学生已经完成了上述场所的学习之后，就让学生进入教室以外的大自然、大社会。此时的学生已经在小社会接受过良好的教育，对社会知识的捕捉、接受、发现能力都较之普通在校学生更敏感、更强烈，引领他们进入大社会之后，学生们就可以自主地从社会上学习知识，以此实现活教育的目标：做人，做中国人，做现代中国人。

[1]
高奇：《中国教育史研究·现代分卷》，华东师范大学出版社 2009 年版，第 133 页。

| 民国教育人物 |

陶行知：两千年后的孔子

陶行知

"二千年前孔夫子，二千年后陶行知。"文学家郭沫若曾如此赞颂教育家陶行知。孔子以降，中国教育界名流大师辈出，但是却少有人可与孔子相比。孔子被中国人尊称为"至圣先师，万世师表"，若非确实在教育上取得特殊之功绩，便贸然与孔子相提并论，被赞颂者定会沦为学界之笑柄。然而郭沫若此评，却并不孟浪，凭其教育思想之精深、影响之深远，陶行知足以担此美誉。

陶行知，祖籍浙江绍兴会稽县，1891 年 10 月 18 日，出生于安徽歙县西乡黄潭源村。历史上的歙县曾是徽州商业文化最著名的代表，在中国一直有"无徽不成镇"之说，也是徽学的重镇。陶行知不仅深受深厚的徽州文化传统的熏陶，而且他在后来创办教育过程中充分利用了自己和徽州商人之间的特殊关系。据说陶行知是历史上"五柳先生"陶渊明的后代，陶行知的祖先曾在定居黄潭源村后，专门将宗祠命名"五柳堂"，以勉励陶氏子孙继承陶渊明的高尚品行。陶行知在南京晓庄创办师范学校之后，也把晓庄自己的居住之地称为"五柳村"。历史上的五柳先生以"不为五斗米折腰"的高尚节气名垂青史，民国的陶行知则以"捧着一颗心来，不带半根草去"的崇高品质，影响了民国时代的教育界。

1906年，陶行知结束了长达7年的传统文化教育，进入歙县城内的洋学堂崇一学堂读书。这所学校的校长是英国传教士唐进贤，他对陶行知的聪慧勤奋非常赏识，陶渊明由此开始了踏入近代西方文明学习的第一步。4年之后，他考入了当时著名的南京汇文书院，1910年，该校升格为金陵大学，陶行知直接升入金陵大学文科学习。

数十年之后，陶行知回忆起独自一人离家求学之日的场景，仍然无法平静对父亲的缅怀之情，他在《献诗》中如此写父亲对他的希冀："古城岩下，水蓝桥边，三竿白日，一个怀了无穷希望的伤心人，眼里放出悲壮的光芒，向船尾直射在他的儿子的面上，望到水、山、天合成一张大嘴，隐隐约约的把个帆影儿都吞没了，才慢慢的转回家去，我要问芳草上的露水，何处能寻得当年的泪珠？"

金陵大学的西方教育模式引起了陶行知对西方文明的极大兴趣，特别是对西方教育的关注。也正是在这段学习生活经历中，他有了去西方留学的想法。在这里，他又幸运地遇到了另一位非常赏识他的外国人校长——美国人包文。在校期间，年轻的陶行知就创办了《金陵光》学报，担任中文版主笔，其间发表的文章大多宣传孙中山的三民主义。他的毕业论文《共和精义》，阐释了进化、共和和民主的政治意义，把共和比作金子，国家比作金矿，国民比作矿工，指出：金子未获而遭到捐弃，罪不于金子而是矿工之愚昧。共和未建而已经灰心，并非共和之罪而是人民之愚昧。欲解决矿工和民众之愚昧，全在于教育！显然，此时的他已经对先进的西方教育产生了浓厚的向往之情。与此同时，陶行知醉心于王阳明的思想研究，王氏的"知行合一"思想对他触动很大，在他的早期教育思想中占据着主导的地位。

1914年，陶行知从南京金陵大学毕业，旋即奔赴美国留学，初入伊利诺大学攻读市政学，第二年转入哥伦比亚大学师范学院研究教育学。至于为什么放弃市政而改学教育，陶行知认为学习市政出来是做官的，这虽然是令人艳羡的专业，但是中国当时并不缺少做官的人，真正缺少的是杜威先生那样的伟大教育家。其时的美国正在兴起一场旨在改造传统教育的"新教育运动"，陶行知投身于杜威、孟禄两大著名教育家的门下。

1917 年 8 月，陶行知离开美国返回祖国，受同为杜威先生弟子的南京高等师范学校校长郭秉文的邀请，任教于南京高等师范学校，主讲教育学、教育史等课程。第二年，陶行知任教务主任。在此期间，他对学校陈旧的教育学科进行了改革。一方面，他倡导教育要科学化，鼓励教师做"创造的教育家"、"创造的科学家"，反对"沿用旧法，仪型外国"，试图把美国教育中的创新、探索精神引入中国。另一方面，他重新纠正了自然科学与教育的关系，强调一切教育的理论都必须植根于白然科学，为此，他把学校的科学知识列为教育学科中的必修课，这在当时国内教育学科领域还是首次。

"捧着一颗心来，不带半根草去。"作为一名伟大的教育家，他为践行这句诺言，付出了常人难以想象的代价。

1926 年，国内平民教育如火如荼，陶行知辞去教授职务，放弃了优越的大城市生活，"自讨苦吃"扎根乡村教育，开始了创办晓庄师范学校的艰苦之路。陶行知在乡村大力推行平民教育，自己总是身正为师，老老实实地和农民生活，踏踏实实地做一个淳朴的乡民。当时的晓庄师范学校完全一穷二白，甚至连固定的校舍也没有，学生们先在燕子矶小学借住，然后又搬入黑墨营，旋即搬迁至晓庄小学校舍，最后又迁入尚未竣工的犁宫。创业之初，陶行知完全过着动荡不定的生活。他脱下了西装，穿上布衣草鞋，带领全体师生投入到建设晓庄学校的生产劳动中去。其间，住在牛棚里，饮食与学生相同，他从一个留学生转变成为一个挑粪种地的农民校长，时人一度称之为"挑粪校长"。陶行知对此坦然接受，并且很自豪地教育学生："万般皆下品，唯有劳动高"，滴自己的汗，吃自己的饭，自己的事自己干，靠人靠天靠祖上不算是好汉。

据他的好友曹聚仁回忆，一次，陶行知从南京来到上海，到大光明戏院去看电影。收票的因为他穿着一双套鞋，没有穿袜子，不让他进去。陶行知默不作声，静静地站在一旁看着，过了一会儿，一位摩登"狗儿"来了，也不曾穿袜子，收票的却让她进去了。于是，陶行知就问收票的：她穿袜子了吗？那人无话可说，只好乖乖地让他进去。

1930 年秋，晓庄学校被国民党查封，陶行知遭到通缉，被迫逃亡日本，这对其家庭而言无异于一场巨大的灾难。整个陶家生活在焦虑和恐惧之中，其妻子更是承担了前所未有的精神压力，甚至一度自杀，虽然获救，但自此重病缠身。1936 年，就在陶行知的生活教育建立了完整的思想体系，向全国人民详细解释他的生活教育本质之时，妻子病故。陶行知曾悲痛地自责：母亲、妹妹和妻子，实在是被我拖垮、累垮的啊！

流亡日本时期的陶行知先后辗转于东京、京都等地。他在躲避政治迫害的同时，并没有忘记教育事业，为此，他认真考察日本的国立图书馆和东京大学，吸取日本教育的先进经验，同时也宣传和介绍自己的教育理念，这引起了当时日本教育界的关注。1935 年，日本教师牧泽伊平发表了《中华民国的新教育》，详细介绍了陶行知在晓庄师范学校推行的新式教育，特别宣传了陶行知发明的"小先生"制。此后，日本的新闻界也逐渐开始介绍陶行知及其他的教育思想，这是日本第一次打开大门了解中国的陶行知及其他的教育思想。第二次世界大战结束之后，许多日本学者开始更深入地研究了解陶行知的教育思想，陶行知成为日本教育界一个重要的研究课题。

1937 年，抗日战争全面爆发，陶行知的平民教育活动被迫迁入西部广大地区。从抗战爆发直至生命的终结，他在教育上最大的贡献莫过于创办了育才学校。

1938 年 8 月，陶行知生平第一次踏上香港的土地。他此行的重要目的是宣传抗日活动，在香港的一个多月时间里，他除了多次发表演讲，宣传抗日革命之外，还进行了一个非常重要的工作，就是为回到大陆以后创办育才学校做准备。

在香港接受记者采访时候，陶行知宣称回国后要做三件事情：一是创办晓庄研究所，为国家培养高级人才；二是创办店员职业补习学校，动员华侨抗日。三是创办难民儿童学校，专门收容战争中流离失所的难民儿童。

1939 年，陶行知兑现了一年前在香港的诺言之三，在重庆北碚草街子创办了育才学校，但关于育才学校的意见计划书，是其在香港期间完成的。育才学校适应了抗战时期大量难民流离失所的现状，学校既设置普通课程，也有专业的特修课程，在对学生进行文化基础知识教育的同时，又注意培养具有特殊才能的学生。学校从抗日战争中失去家乡甚至父母的难民儿童中，选拔出来一批具有特殊才能的幼苗加以培养。他向育才生提出了"每天四问"的要求，第一问：我的身体有没有进步？第二问：我的学问有没有进步？第三问：我的工作有没有进步？第四问：我的道德有没有进步？每天清晨，陶行知都会带着学生集体发问，深刻反省自己的进步与不足，以此激励学生在艰苦的抗日战争中勇敢地学习与战斗。当时有人误会，以为这所学校造就一些人出来升官发财，跨在他人之上，陶行知反驳说，我们的孩子都是从老百姓中来的，他们还是要回到老百姓中去，用他们所学的东西献给老百姓，为人民造福。

育才学校的创办正值国内最困难之时，日本军事侵略步步紧逼，大片国土沦丧，国内经济凋敝。在如此恶劣的环境下，能够生存已经不易，维持一个难民学校，其难度可想而知。但陶行知仍然一如既往地激励全校师生：为了培养人才幼苗，不要害怕经济封锁和政治迫害，除非整个中华民族都没有饭吃了，那时候也只有大家饿死。否则，大家一定要齐心协力把育才学校办下去，决没有自动停办之理。为了激励大家不要气馁，陶行知还以山东武训先生以一个乞丐创办三个义塾为例，号召大家向武训学习，做一个"集体的新武训"。这所学院的创办，浸润了陶行知先生晚年的心血。

抗战胜利后，陶行知又创办了"社会大学"，为培养进步的、民主的学生而不倦努力。1946 年 4 月，陶行知来到上海，为在上海创办社会大学和育才学校的迁址问题多方奔波。不久，著名民主战士李公朴、闻一多被国民党特务暗杀，消息传来，陶行知异常激愤，他到处演讲，发出了"和平最急，民主第一"的呼号。他给育才师生的最后一封信中，如此说："公朴去了，昨今两天有两方面向我报告不好的消息，如果消息确实，将会很快结束我的生命。深信我的生命之结束，不会是生活教育社和育才之结束。"听说国民党特务已经把他列为继李公朴、闻一多之后的第三个暗杀对象，他无所畏惧，声明已经做好了"我等着第三枪"的准备。

1946 年 7 月 25 日，陶行知因为劳累过度和受刺激过深，逝于上海，毛泽东称之为"伟大的人民教育家"。陶行知一生勤俭，他生平的薪水及稿酬，大部分用在教育上面。乃至在逝世之时，竟没有给自己的家人留下一点金钱，甚至连一件新的衣服和鞋子都没有，真真正正一贫如洗，兑现了"捧着一颗心来，不带半根草去"的诺言。

后　记

没有人会否认民国也有如同"看不见海岸和灯塔的漆黑的海洋"一样的黑暗面，但是，数年前开始、蔓延至今天尚未完全"退烧"的民国读本热，还是引发了许多教育人士的困惑、焦虑和不安。不论家长们对民国读本的消费有多少跟风从众的心理，都无法回避这样一个令人困惑的命题：在与世界接轨已经成为时代发展必然趋势的现实背景下，推行了数十年素质教育改革的国内教育，为何会被故纸堆中翻出的几部民国读本惊扰得如此惶恐不安？民国读本韵味无限的背后，折射出的究竟是什么？

在这样的情势下，学界有人提出"回到民国"的呼声。当然，"回到民国"并不是重新照搬那个时代的教育，而是如何汲取民国时代教育的自由、个性与优雅，消除当下教育的功利、世俗与急躁，为当下教育无法回答的"钱学森之问"寻找另一种可能。事实上，当下消费者对民国教育的追忆、怀念、憧憬甚至膜拜，在很大程度上已经背离了真实的民国，许多人读到的"民国范"几乎就是自己心中民国的想象或虚构，既不符合历史的真实，也无益于当下教育的发展。

回顾民国教育不是发思古之幽情。我始终认为，一切对民国教育的叙事，都应该注意"活着的民国教育"，即在教育史上的意义，特别是对当下教育的影响，而不是沉溺于"死的民国教育"，即关于民国教育的大量历史文献。基于此，我们对民国教育的追溯和探索，才能对时下饱受诟病的应试教育有所补益。这既是本书写作的一种姿态和立场，更是本人对拙著的一个目标和理想。

需要特别感谢的是我的学生潘竞贤，多年前我在江苏淮海工学院任教之时，他就以优美的文笔引起我的关注，由此结下深厚的师生友谊。在他大学毕业后，我先后辗转于上海、南京两地，并在东南大学艺术学院博士后流动站继续学习，念及岁月匆匆，风流云散，不胜感慨万千。

张兴龙

2013 年 10 月于淮海工学院

图书在版编目（CIP）数据

乱世犹闻读书声：中国教育1912～1937 / 张兴龙著.
— 杭州：浙江大学出版社，2013.11
ISBN 978-7-308-12174-3

Ⅰ．①乱… Ⅱ．①张… Ⅲ．①教育史－中国－1912～
1937 Ⅳ．①G529.6

中国版本图书馆CIP数据核字(2013)第200746号

乱世犹闻读书声：中国教育1912—1937

张兴龙　著

责任编辑　杨利军
出版发行　浙江大学出版社
　　　　　　（杭州市天目山路148号　　邮政编码　310007）
　　　　　　（网址：http://www.zjupress.com）
排　　版　杭州林智广告有限公司
印　　刷　杭州杭新印务有限公司
开　　本　710mm×1000mm　1/16
印　　张　15.25
字　　数　214千
版 印 次　2013年11月第1版　2013年11月第1次印刷
书　　号　ISBN 978-7-308-12174-3
定　　价　32.00 元

浙江大学出版社发行部联系方式：0571-88925591；http://zjdxcbs.tmall.com